AF343638

RÉPUBLIQUE FRANÇAISE

MINISTÈRE DU TRAVAIL
DE L'HYGIÈNE, DE L'ASSISTANCE ET DE LA PRÉVOYANCE SOCIALES

DIRECTION DU TRAVAIL

CRÉDIT
AUX SOCIÉTÉS COOPÉRATIVES

ET

UNIONS DE SOCIÉTÉS COOPÉRATIVES D'ARTISANS

AINSI QU'AUX PETITS ARTISANS

LOI, DÉCRET, STATUTS

PARIS
IMPRIMERIE NATIONALE

1925

LOI DU 27 DÉCEMBRE 1923

portant organisation du crédit aux sociétés coopératives et unions de sociétés coopératives d'artisans, ainsi qu'aux petits artisans (J. O. du 28 décembre 1923, p. 12093).

ARTICLE PREMIER. — Des avances peuvent être attribuées aux sociétés coopératives ou unions de sociétés coopératives d'artisans, ainsi qu'aux artisans individuellement, dans les conditions précisées ci-après.

Ces encouragements seront imputés sur les ressources budgétaires constituées :

1° A l'aide des crédits qui seraient ouverts par la loi de finances;

2° A l'aide des disponibilités du fonds de dotation ci-après institué, lesquelles seront rattachées par décret au budget du ministère du travail au fur et à mesure des besoins, conformément aux dispositions concernant les fonds de concours pour dépenses d'intérêt public.

ART. 2. — Sur le reliquat disponible au 31 décembre 1922 du produit de la redevance supplémentaire de la Banque de France instituée par l'article 4 de la convention du 26 octobre 1917, ainsi que de la part des bénéfices de cet établissement revenant éventuellement à l'État, en vertu de la convention additionnelle du 26 juillet 1916, le Gouvernement est autorisé à disposer d'une somme de 2 millions de francs pour être affectée aux avances ci-dessus.

Il sera également affecté annuellement à ces avances le prélèvement du tiers du produit disponible de la redevance supplémentaire, précédemment attribué à la Banque nationale française du commerce extérieur, déduction faite, des sommes revenant encore à la dite banque.

Ces sommes figureront à un compte spécial du Trésor, où seront également portés les fonds de concours qui seraient versés en vue de la même affectation, ainsi que tous recouvrements opérés dans les conditions prevues ci-après sur les avances consenties par l'Etat.

Ce compte constituera le fonds de dotation de l'artisanat français.

ART. 3. — Pour bénéficier des avances de l'État, les société coopératives ayant pour but l'achat, la fabrication, la répartition des marchandises, matières premières, machines ou objets quelconques, ou ayant tout autre but intéressant directement ou indirectement l'exercice de la profession artisanale de leurs membres, devront être constituées conformément aux dispositions des articles 1er, 3, 4 et 7 de la loi du 7 mai 1917 [1] organisant le crédit aux sociétés coopératives de consommation, et

---

[1] LOI DU 7 MAI 1917. — *Art. 1er.* — Les sociétés coopératives de consommation sont des sociétés à capital et personnel variables, constituées conformément au titre III de la loi du 24 juillet 1867, par des consommateurs, dans le but :

1° De vendre à leurs adhérents les objets de consommation qu'elles achètent ou fabriquent soit elles-mêmes, soit en s'unissant entre elles;

2° De distribuer leurs bénéfices entre leurs associés au prorata de la consommation de chacun, ou d'en affecter tout ou partie à des œuvres de solidarité sociale dans les conditions déterminées par leurs statuts.

de l'article 10 (1°) de la loi du 13 mars 1917 [1] organisant le crédit au petit et au moyen commerce, à la petite et à la moyenne industrie.

Les sociétés coopératives prévues à l'alinéa précédent peuvent constituer entre elles des unions sous la forme de sociétés à personnel et à capital variables, pour l'achat et la fabrication en commun des objets qu'elles répartissent et du matériel dont elles se servent, pour l'exécution de travaux et pour tous autres buts, dans l'intérêt des artisans et de leurs organisations, ainsi que pour la réalisation d'emprunts collectifs dans l'intérêt desdites sociétés. Ces unions peuvent admettre comme sociétaires des membres de sociétés coopératives adhérentes, ainsi que des syndicats et des sociétés de caution mutuelle se rattachant aux professions artisanales, en vue desquelles fonctionnent lesdites sociétés coopératives.

Les unions sont soumises aux dispositions des articles 1ᵉʳ, 3, 4 et 7 de la loi du 7 mai 1917 précitée. Toutefois, le nombre de voix attribuées aux sociétés adhérentes pourra être proportionné au nombre des membres de ces sociétés.

Les artisans qui font partie des sociétés coopératives prévues ci-dessus doivent être membres d'un syndicat professionnel institué conformément à la loi du 21 mars 1884, modifiée par celle du 12 mars 1920.

L'article 7 de loi du 13 mars 1917 [2], organisant le crédit au petit et moyen commerce, à la petite et moyenne industrie, est applicable aux sociétés coopératives et

---

Le capital desdites sociétés ainsi que des unions prévues à l'article 5, peut être fixé, lors de la fondation, à une somme supérieure à 200,000 francs ou augmenté en une année de plus de 200,000 francs par dérogation à l'article 49 de la loi du 24 juillet 1867.

. . . .

Art. 3. — Si leurs statuts les y autorisent, les coopératives de consommation peuvent distribuer au capital versé un intérêt prélevé sur les bénéfices, et qui ne sera en aucun cas supérieur à 6 o/o.

Art. 4. — Aucun associé ne pourra avoir pour les parts sociales ou actions dont il est titulaire plus d'une voix aux assemblées générales de la société coopérative de consommation à laquelle il adhère.

. . . .

Art. 7. — Les sociétés et unions de sociétés prévues aux articles précédents sont administrées par des délégués nommés et révocables par l'assemblée générale des sociétaires, dans les conditions prévues par les statuts.

[1] LOI DU 13 MARS 1917. — *Art. 10.* — Les articles 7 et 8 qui précèdent sont applicables aux banques populaires qui remplissent les conditions ci-après déterminées :

1° Leur capital doit être constitué par sept souscriptions au moins. Ces souscriptions peuvent être inégales. Peuvent souscrire, en dehors des membres qui participent aux avantages de la banque populaire, des membres non participants qui n'ont droit qu'à la rémunération de leurs apports. Les statuts règlent l'étendue et les conditions de la responsabilité qui incombe à chacun des sociétaires dans les engagements de la société.

. . . .

[2] LOI DU 13 MARS 1917. — *Art. 7.* — Les conditions de publicité prescrites pour les sociétés commerciales ordinaires sont remplacées, à l'égard des sociétés qu'autorise le présent titre de la présente loi, par les dispositions suivantes :

Avant toute opération, les statuts, avec la liste complète des administrateurs ou directeurs et des sociétaires indiquant leur nom, profession, domicile et le montant de chaque souscription, sont déposés en quatre exemplaires au greffe de la justice de paix du canton où la société a son siège. Il en est donné récépissé.

Chaque année, dans la première quinzaine de février, le directeur ou un administrateur de la société dépose de même en quatre exemplaires la liste des membres faisant partie de la société à cette date, et le tableau sommaire des recettes et des dépenses ainsi que des opérations effectuées dans l'année précédente.

Un des exemplaires de ces divers documents est, par les soins du juge de paix, déposé au greffe du tribunal de commerce de l'arrondissement; les deux autres sont adressés au Ministre du Commerce et au Ministre des Finances.

Les documents déposés au greffe de la justice de paix et du tribunal de commerce par application du présent article et de l'article 4 ci-dessus sont communiqués à tout requérant.

unions de sociétés coopératives susvisées, les documents déposés devant l'être en cinq exemplaires, dont l'un sera adressé au Ministre du Travail. Les sociétés et unions bénéficient, en outre, des exemptions fiscales accordées aux banques populaires [1].

Art. 4. — Les avances aux sociétés coopératives et unions de sociétés coopératives ne pourront dépasser le triple de l'actif net de la société emprunteuse, ni leur durée excéder dix années; elles seront renouvelables.

Elles seront consenties, par l'intermédiaire d'unions agréées pour ce service par arrêté du Ministre du Travail, à un taux d'intérêt égal à celui fixé par la Banque de France pour ses avances sur titres; le produit de cet intérêt sera encaissé par l'union pour y constituer, après couverture des frais, une réserve de garantie pour le remboursement de l'avance par l'État.

Lorsque l'avance aura été intégralement remboursée, le montant de cette réserve sera acquis à l'union.

Art. 5. — Des avances peuvent être également attribuées, par l'intermédiaire de banques populaires constituées et fonctionnant en conformité de la loi du 13 mars 1917, à des artisans présentés par une union agréée.

Ces prêts individuels devront être affectés à la constitution, à l'aménagement, à l'installation, à la réfection totale ou partielle, à la dotation en outillage ou en matériel d'une petite entreprise n'excédant pas en importance les limites fixées par la commission instituée ci-après.

Leur durée ne pourra excéder cinq années. Ils seront remboursables par annuités.

Ils devront être garantis par une société de caution mutuelle constituée et fonctionnant en conformité de la loi du 13 mars 1917 qui aura, en outre, pour mission de contrôler l'emploi de la somme prêtée, ainsi que par une sûreté en rapport avec l'importance des prêts.

Ils seront consentis à un taux d'intérêt égal à celui fixé par la Banque de France pour ses avances sur titres; le produit de cet intérêt sera encaissé par la banque populaire pour y constituer, après couverture des frais, une réserve de garantie pour le remboursement de l'avance de l'État.

Les avances attribuées à ces fins seront remboursables par les banques populaires dans un délai qui ne pourra excéder six années.

Lorsque l'avance aura été intégralement remboursée, le montant de la réserve sera acquis à la banque.

Art. 6 — Les avances consenties en vertu des dispositions qui précèdent seront réparties aux sociétés coopératives et unions de sociétés coopératives et aux banques populaires par le Ministre du Travail; après avis d'une commission spéciale composée comme suit :

Le Ministre du Travail, *président*, ou son représentant;

Deux membres du Sénat;

---

[1] Loi du 13 mars 1917. — *Art. 8.* — Les sociétés de caution mutuelle dont les statuts et le fonctionnement sont reconnus conformes aux dispositions de la présente loi sont exemptes de l'impôt de la patente ainsi que de l'impôt sur le revenu des valeurs mobilières et de l'impôt sur les bénéfices des professions commerciales et industrielles.

Les certificats de parts non négociables ne sont soumis qu'au timbre de dimension prévu par l'article 12 de la loi du 13 brumaire an VII.

. . . .

Art. 10. — Les articles 7 et 8 qui précèdent sont applicables aux banques populaires qui remplissent les conditions ci-après déterminées :

. . . .

Trois membres de la Chambre des députés;
Deux fonctionnaires du Ministère du Travail;
Deux fonctionnaires du Ministère du Commerce;
Un fonctionnaire du Ministère des Finances;
Le gouverneur de la Banque de France ou son délégué;
Six membres de sociétés coopératives ou d'unions de sociétés coopératives artisanales;
Trois membres de banques populaires.

Les membres de la commission seront nommés par décret pour trois années.

Cette commission donnera son avis, non seulement sur la quotité, mais, d'une manière générale, sur les conditions auxquelles seront soumises lesdites avances.

Elle a, en outre, pour mission d'étudier toutes les questions d'ordre général se rapportant au développement de l'artisanat.

ART. 7. — Un règlement d'administration publique déterminera les conditions d'application des dispositions qui précèdent et fixera, notamment : les clauses que devront comprendre les statuts des sociétés coopératives et unions de sociétés coopératives appelées à bénéficier de la loi, les garanties à prendre en ce qui concerne le remboursement des avances aux sociétés ou aux artisans, les conditions de ces remboursements, le contrôle du service des prêts, les sanctions éventuelles et les voies de recours en cas d'inexécution des engagements.

ART. 8. — Les modalités d'application de la présente loi aux départements du Haut-Rhin, du Bas-Rhin et de la Moselle seront fixées par un décret spécial.

ART. 9. — Des règlements d'administration publique pris sur la proposition des Ministres des Colonies, du Commerce et de l'Industrie, du Travail, de la Justice et des Finances détermineront les conditions d'application de la présente loi, ainsi que de la loi du 13 mars 1917 sur l'organisation du crédit au petit et au moyen commerce, à la petite et à la moyenne industrie, aux colonies de la Martinique, de la Guadeloupe et de la Réunion.

Dans les mêmes colonies, les avances prévues par les lois susvisées seront imputées sur les ressources constituées : 1° à l'aide des subventions qui pourront être accordées par les budgets locaux; 2° à l'aide de prélèvements dont le montant sera fixé par une loi de finances, sur les ressources résultant de l'application des articles 15 à 17 de la loi du 21 mars 1919 portant renouvellement du privilège des banques de la Guadeloupe, de la Martinique et de la Réunion.

DÉCRET DU 27 JUILLET 1924

portant règlement d'administration publique pour l'application de la loi du 27 décembre 1923 relative à l'organisation du crédit aux sociétés coopératives et unions de sociétés coopératives d'artisans, ainsi qu'aux petits artisans.

LE PRÉSIDENT DE LA RÉPUBLIQUE FRANÇAISE,

Sur le rapport du Ministre du Travail et de l'Hygiène, du Ministre du Commerce et de l'Industrie et du Ministre des Finances;

Vu la loi du 27 décembre 1923 portant organisation du crédit aux sociétés coopératives et unions de sociétés coopératives d'artisans, ainsi qu'aux petits artisans, et notamment l'article 7 ainsi conçu : « Un règlement d'administration publique déterminera les conditions d'application des dispositions qui précèdent et fixera notamment : les clauses que devront comprendre les statuts des sociétés coopératives et unions de sociétés coopératives appelées à bénéficier de la loi, les garanties à prendre en ce qui concerne le remboursement des avances aux sociétés ou aux artisans, les conditions de ces remboursements, le contrôle du service des prêts, les sanctions éventuelles et les voies de recours en cas d'inexécution des engagements. »

Vu la loi du 7 mai 1917, modifiée par la loi du 14 juin 1920, ayant pour objet l'organisation du crédit aux sociétés coopératives de consommation, et le décret du 5 septembre 1917 portant règlement d'administration publique pour l'exécution de ladite loi;

Vu la loi du 13 mars 1917, complétée et modifiée par la loi du 7 août 1920, ayant pour objet l'organisation du crédit au petit et au moyen commerce, à la petite et moyenne industrie, ensemble le décret du 31 janvier 1918 portant règlement d'administration publique pour l'exécution de ladite loi;

Vu la loi du 24 octobre 1919 portant ouverture d'un crédit de cinquante millions de francs en faveur des petits commerçants, des petits industriels, des petits fabricants et artisans démobilisés, ensemble le décret du 3 mars 1920 portant règlement d'administration publique pour l'exécution de ladite loi;

Le Conseil d'État entendu,

DÉCRÈTE :

TITRE Iᵉʳ.

Clauses que doivent comprendre les statuts des sociétés coopératives et unions de sociétés coopératives d'artisans.

ARTICLE PREMIER. — Les statuts des sociétés coopératives et unions de sociétés coopératives définies à l'article 3 de la loi du 27 décembre 1923, et voulant bénéficier des divers avantages prévus par la législation en vigueur (avances de l'État, etc.), doivent spécifier expressément :

1° Que les artisans ne pourront faire partie de la société coopérative ou de l'union que s'ils sont membres d'un syndicat professionnel constitué conformément à la loi du 21 mars 1884, modifiée par celle du 12 mars 1920;

2° Que les syndicats professionnels et les sociétés de caution mutuelle, formés entre artisans, peuvent souscrire et posséder des parts ou actions desdites sociétés coopératives ou unions;

3° Que la société coopérative ou l'union aura toujours le droit de rembourser au fur et à mesure de ses ressources, les parts sociales ou actions appartenant aux personnes qui n'exercent pas la profession ou l'une des professions artisanales en vue desquelles fonctionne la société ou l'union, ainsi que celles possédées par des syndicats et sociétés de caution mutuelle ne se rattachant pas auxdites professions;

4° Que le conseil d'administration sera composé, à concurrence des deux tiers au moins, de sociétaires exerçant ou ayant exercé la profession ou l'une des professions artisanales en vue desquelles fonctionne la société coopérative ou l'union;

5° Qu'aucun dividende ne sera attribué au capital ou aux fractions de capital, les statuts pouvant toutefois autoriser le payement d'un intérêt prélevé sur les excédents nets et dont le taux ne devra pas dépasser 6 o/o;

6° Que les sommes disponibles, déduction faite des charges, amortissements, frais généraux, réserves, intérêt du capital, etc., ne pourront être réparties, s'il y a lieu, entre les sociétaires, que proportionnellement aux opérations faites par eux avec la société coopérative ou avec l'union, suivant le cas;

7° Que le montant du remboursement des parts sociales ou actions n'excédera en aucun cas leur valeur initiale, et que ces parts ou actions ne seront transmissibles qu'avec l'agrément de la societé;

8° Qu'en cas de dissolution, l'actif, y compris les réserves, sera, après payement des dettes sociales et remboursement du capital effectivement versé, affecté à une autre institution cooperative désignée dans les statuts ou par l'assemblée générale, ou, à défaut de cette désignation ou si l'attribution prévue est impossible, au fonds de dotation prévu à l'article 2 de la loi du 27 décembre 1923;

9° Que la comptabilité sera tenue dans les formes commerciales et suivant les instructions particulières qui pourraient être données par le Ministre du Travail, sur l'avis de la commission spéciale prévue à l'article 6 de la loi susvisée.

Art. 2. — Les sociétés coopératives et les unions de sociétés coopératives d'artisans, visées à l'article précédent, détermineront dans leurs statuts le nombre de voix appartenant à leurs membres dans les assemblées générales, conformément aux dispositions de l'article 3 de la loi du 27 decembre 1923.

En outre, les statuts doivent :

1° Spécifier qu'un sociétaire ne peut être représenté à l'assemblée générale que par un autre sociétaire, à moins qu'il ne s'agisse d'un représentant légal;

2° Limiter à cinq au maximum le nombre de voix dont un sociétaire peut disposer comme mandataire d'autres associés.

Cette dernière disposition ne saurait avoir pour effet de restreindre le nombre de voix qui, dans les assemblées générales des unions, peut être conféré au délégué de chacune des sociétés coopératives adhérentes, par application de l'article 3 de la loi .

Art. 3. — Les statuts des sociétés coopératives et des unions de sociétés coopératives d'artisans ne peuvent prévoir l'attribution de tantièmes aux administrateurs.

Ceux-ci, en dehors du remboursement des frais qu'ils auraient exposés pour l'accomplissement de leurs fonctions, ne pourront recevoir que des indemnités que fixera l'assemblée générale des sociétaires.

Art. 4. — Les statuts de toute société coopérative ou union de sociétés coopératives d'artisans, qui bénéficie d'une avance de l'État, spécifieront que toute modification projetée auxdits statuts sera portée à la connaissance du Ministre du Travail par l'intermédiaire de l'union agréée pour le service des avances, conformément à l'article 4 de la loi du 27 décembre 1923.

Aucune modification ne sera considérée comme acquise avant que le Ministre du Travail n'ait notifié son adhésion qu'il donnera sur avis de la commission spéciale prévue à l'article 6 de la loi.

La société ou l'union se soumet, en vertu d'une clause générale de ses statuts, à toutes les opérations de contrôle et de vérifications qui pourront être décidées par le Ministre du Travail ou par l'union agréée.

ART. 5. — Les statuts des unions de sociétés coopératives d'artisans doivent rappeler que, par application de l'article 3 de la loi du 27 décembre 1923, peuvent être admis comme associés, indépendamment des sociétés coopératives adhérentes des membres de ces sociétés ainsi que des syndicats et des sociétés de caution mutuelle se rattachant aux professions artisanales en vue desquelles fonctionnent lesdites sociétés coopératives.

Les statuts doivent préciser que ces syndicats professionnels et sociétés de caution mutuelle seront, en ce qui concerne leurs droits et obligations, assimilés aux sociétaires individuels.

ART. 6. — Indépendamment des clauses prévues ci-dessus, toute union de sociétés coopératives qui sollicite l'agrément du Ministre du Travail, conformément à l'article 4 de la loi, pour le service des avances de l'État aux sociétés coopératives d'artisans et à leurs unions, doit prévoir dans ses statuts des dispositions concernant la réserve de garantie à constituer en vue de l'amortissement du montant des avances reçues, à l'aide du produit des intérêts desdites avances.

TITRE II.

Des avances aux sociétés ou unions de sociétés coopératives d'artisans.

ART. 7. — Toute société coopérative d'artisans ou union de sociétés coopératives d'artisans qui sollicite une avance de l'État, conformément aux dispositions de la loi du 27 décembre 1923, adresse à cet effet sa demande au Ministre du Travail, par l'intermédiaire d'une union agréée.

Cette demande est accompagnée des pièces suivantes :

1° Une note indiquant la somme demandée, le but de l'emprunt, sa durée et, s'il s'agit d'achat de matériel, le détail et le prix de l'outillage à acheter;

2° Les statuts de la société;

3° Une copie du récépissé délivré par le greffier de la justice de paix, lors de l'accomplissement du dépôt originaire prescrit par l'article 7 de la loi du 13 mars 1917, et, en cas de modification aux statuts, copie du récépissé du dépôt consécutif à ces modifications;

4° L'indication, à la date de la demande, du nombre des associés composant la société, du nombre d'actions ou de parts souscrites; du montant total des versements effectués sur les actions ou les parts;

5° La liste des membres du conseil d'administration et de la commission de contrôle, à la date de la demande;

6° L'indication du nombre des travailleurs occupés par la société (employés ou ouvriers, associés ou non), avec le numéro de la carte d'identité de ceux qui sont soumis à l'obligation de l'assurance par la loi sur les retraites ouvrières et paysannes,

7° La liste des succursales avec l'indication, pour chacune d'elles, du chiffre d'affaires ;

8° Une copie du bail des locaux occupés par la société (siège social. principaux magasins ou ateliers) avec, pour chacun d'eux, un état des assurances contractées par la société : *a.* pour le cas d'incendie ; *b.* pour les accidents du travail, faisant connaître le montant de l'assurance, l'assureur, le numéro et la date de la police ;

9° Le dernier bilan, avec un tableau résumé des opérations du dernier exercice, établi conformément aux formules arrêtées par la commission spéciale prévue par l'article 6 de la loi.

Lorsque le bilan fourni a plus de six mois de date, il y est joint, pour le dernier semestre écoulé, un état de situation sur les mêmes formules. Si la société n'a pas un an de fonctionnement, le bilan et le tableau des opérations sont arrêtés à la date de la demande par le conseil d'administration.

Les unions agréées adressent directement au Ministère du Travail, avec les pièces susvisées, leurs demandes en vue d'obtenir les avances auxquelles elles peuvent prétendre au même titre que les autres sociétés et unions pour les opérations visées à l'article 3 de la loi.

Art. 8. — La demande est soumise à une enquête.

La société ou l'union demanderesse doit tenir ses livres à la disposition de toute personne déléguée par le Ministre du Travail pour procéder à cette enquête et produire toutes pièces justificatives à l'appui des comptes fournis.

Elle doit fournir, en outre, tous les renseignements utiles pour permettre de s'assurer qu'elle remplit les conditions prévues par la loi et qu'elle présente les garanties nécessaires.

Art. 9. — Le Ministre du Travail statue sur la demande, après avis de la commission spéciale.

La décision fixe le mode, la durée et le point de départ du remboursement, et désigne l'union agréée chargée de faire l'avance et d'en assurer le recouvrement.

Art. 10. — Le remboursement des prêts a lieu par termes égaux ; des effets sont souscrits, pour chaque échéance, par la société, et remis par elle en échange du prêt pour lui être restitués au moment de chaque payement. Ces effets restent déposés au Trésor jusqu'à l'époque à laquelle ils doivent être encaissés.

L'amortissement des prêts doit être terminé dans un délai maximum de dix années.

Art. 11. — Tout contrat de prêt contient l'engagement pris par la société d'informer le Ministre du Travail de toute modification apportée à ses statuts, de lui fournir, par l'intermédiaire de l'union intéressée, pendant toute la durée du prêt, son bilan annuel et le résumé de ses opérations d'après les formules indiquées à l'article 7, 9°, ci-dessus, et de tenir à sa disposition ses livres et toutes pièces justificatives à l'appui des comptes fournis.

Le contrat stipule, en outre, que la créance de l'État deviendra immédiatement exigible en son intégralité dans le cas où la société viendrait à se dissoudre, ne se conformerait pas à ses engagements, violerait ses statuts ou les modifierait de manière soit à diminuer les garanties de solvabilité offertes, soit à perdre son caractère de société coopérative tel qu'il est déterminé par la loi et le présent décret.

Dans le cas où le recouvrement serait effectué par une autre voie que l'encaissement des effets, ceux-ci seraient remis au débiteur, au moment du payement, pour être annulés.

Art. 12. — Toute union de sociétés coopératives qui sollicite l'agrément du Ministre du Travail, conformément à l'article 4 de la loi, pour le service des avances aux sociétés coopératives d'artisans, doit annexer à sa demande les pièces justificatives prévues à l'article 7.

. Art. 13. — Les prêts consentis sont notifiés à l'union qui sert d'intermédiaire. Elle recevra mandat de reverser à chacune des sociétés bénéficiaires le montant du prêt qui lui sera attribué, de régler avec la société les conditions et les termes du remboursement, de prendre toute sécurité jugée nécessaire, y compris toute hypothèque et tout nantissement sur le fonds de commerce en vue d'assurer le recouvrement des arrérages de remboursement et d'exercer éventuellement toute poursuite judiciaire.

L'union passe avec la société emprunteuse le contrat contenant les clauses prévues à l'article 11 et au premier paragraphe du présent article.

Les effets sont souscrits au nom de l'union agréée et portent la mention que le prêt est consenti par elle, d'ordre du Ministre du Travail.

Art. 14. — Préalablement à la remise des fonds à l'union agréée, celle-ci adresse au Ministre du Travail deux copies du contrat conclu entre elle et la société bénéficiaire du prêt.

Les effets souscrits par la société bénéficiaire sont déposés au Trésor par l'union agréée lors de la délivrance des fonds. Ils peuvent en être retirés par ladite union, soit dix jours avant l'échéance, soit, sur autorisation du Ministre du Travail, à toute époque antérieure.

Art. 15. — Les sommes recouvrées sont portées, dans les écritures de l'union agréée, au compte spécial du Ministre du Travail.

A la fin de chaque mois ou lorsque le crédit du compte dépasse 10,000 francs, le solde est versé au Trésor, pour être porté au crédit du fonds de dotation prévu par l'article 2 de la loi du 27 décembre 1923.

L'union agréée adresse, à la fin de chaque trimestre, au Ministre du Travail, un bordereau contenant :

a. Le relevé du compte courant du Ministre à ladite union,

b. L'état des recouvrements effectués sur les prêts aux sociétés affiliées ;

c. La situation résumée : 1° des avances en cours ; 2° des remboursements échus ; 3° des remboursements effectués.

A toute époque, il peut être procédé à la vérification de la comptabilité et de la situation de l'union agréée, soit par l'inspection générale des Finances, soit par toute personne déléguée par le Ministre du Travail. L'union agréée est tenue de donner toutes facilités pour les vérifications, et notamment de communiquer tous livre, pièce ou document qui lui seraient demandés.

Art. 16. — Au cas où l'union agréée ne se conformerait pas à la convention, serait dissoute ou mise en état de faillite ou de liquidation judiciaire, violerait ses statuts ou les modifierait de manière à diminuer les garanties de l'État ou à perdre son caractère d'union de sociétés coopératives d'artisans, l'agrément prévu à l'article 4, § 2, de la loi du 27 décembre 1923 serait rapporté, et l'État lui serait substitué pour le recouvrement des sommes dues sur tous les prêts en cours et représentées par les effets non encore retirés.

Dans le cas où le recouvrement serait effectué par une voie autre que l'encaissement de ces effets préalablement passés à l'ordre du Trésor, ceux-ci seraient remis au débiteur, au moment du payement, pour être annulés.

TITRE III.

Des prêts aux artisans.

ART. 17. — Les banques populaires, constituées conformément à la loi du 13 mars 1917, qui veulent effectuer les opérations prévues par la loi du 27 décembre 1923 doivent y être expressément autorisées par leurs statuts.

Elles doivent, au moment de la présentation de leurs demandes d'avances, avoir encore une durée d'au moins six ans.

A titre transitoire et pendant l'année suivant la date du présent décret, des avances au titre de la loi du 27 décembre 1923 peuvent être accordées aux banques populaires, même avant la mise en harmonie de leurs statuts avec les dispositions de ladite loi et du présent décret, sur engagement pris par leur conseil d'administration de faire apporter par une assemblée générale extraordinaire les modifications nécessaires aux statuts dans un délai ne dépassant pas six mois à compter de la date du dépôt de leur demande d'avance. Si, passé ce délai, les statuts n'ont pas subi les modifications nécessaires, les avances consenties devront être remboursées dans les délais et aux conditions prévus à l'article 24 du présent décret.

ART. 18. — Les opérations effectuées par application de la loi du 27 décembre 1923, ainsi que les frais généraux résultant de ces opérations, font l'objet d'une comptabilité spéciale distincte de celle des opérations effectuées par les banques populaires conformément à la loi du 13 mars 1917 et à la loi du 24 octobre 1919.

ART. 19. — Les bénéfices nets produits par les opérations faites par application de la loi du 27 décembre 1923 sont employés à la constitution d'un fonds de réserve spécial destiné à garantir, sans préjudice de la garantie fournie par la réserve légale ou tout autre actif social, le remboursement des avances consenties par l'État en vertu de ladite loi.

Lorsque les avances consenties par l'État à une banque populaire, en vertu de la loi du 27 décembre 1923, ont été intégralement remboursées à l'État, ce fonds de réserve spécial est incorporé au fonds de réserve légal de ladite banque.

ART. 20. — Le fonds de réserve spécial est employé en valeurs du Trésor, en valeurs garanties par l'État français, en bons de caisses de Crédit municipal ou de monts-de-piété, ou en versement à un livret de caisse d'épargne ordinaire ouvert au nom de la banque populaire. Les intérêts produits par ces modes d'emploi doivent être attribués audit fonds de réserve spécial.

ART. 21. — Les demandes d'avances des banques populaires sont adressées, par l'intermédiaire du Ministère du Commerce et de l'Industrie, au Ministère du Travail, pour être soumises à la commission prévue par l'article 6 de la loi du 27 décembre 1923.

Elles doivent être présentées conformément aux dispositions des articles 9, 10 et 11 du décret du 3 mars 1920 déterminant les conditions d'application de la loi du 24 octobre 1919.

ART. 22. — Le Ministre du Travail statue sur les demandes : il notifie sa décision au Ministre du Commerce et de l'Industrie ainsi qu'aux établissements intéressés.

L'attribution d'avances peut être subordonnée à la présentation de telles garanties de remboursement que le Ministre juge nécessaire de demander.

Art. 23. — Toute banque populaire bénéficiaire d'avances de l'État est tenue de rembourser à celui-ci, tous les six mois, à fin d'amortissement progressif de sa dette, une somme égale au total dés remboursements en principal qu'elle a elle-même reçus de ses emprunteurs pendant cette période.

A cet effet, elle établit en triple exemplaire, à la fin dè chaque semestre, un tableau des prêts alors en cours par elle consentis en vertu de la loi du 27 décembre 1923 indiquant :

1° Les nom, domicile et profession de chaque emprunteur;

2° Le montant initial de chaque prêt et l'emploi qui en a été fait par l'emprunteur à un des objets prévus par l'article 5 de la loi du 27 décembre 1923;

3° La durée du prêt et les dates convenues d'amortissement ou de rembour-sement;

4° Le montant des remboursements en principal effectués par l'emprunteur antérieurement au semestre visé;

5° Le montant des remboursements en principal effectués pendant le semestre par l'emprunteur;

6° La somme à laquelle le prêt se trouve réduit à la fin du semestre.

Ce tableau est complété par un état récapitulatif faisant ressortir la somme globale des remboursements en principal encaissés pendant le semestre écoulé par la banque populaire et la somme à laquelle se trouveront ramenées les avances dues par elle à l'État, après versement à celui-ci du montant desdits remboursements.

Un exemplaire du tableau et de l'état récapitulatif est adressé au Ministre du Commerce et de l'Industrie et au Ministre du Travail dans le mois qui suit la fin de chaque semestre, le troisième exemplaire restant au siège de la banque populaire.

Art. 24. — Si la banque populaire bénéficiaire d'une avance se trouve dans un des cas prévus à l'article 15 du décret du 3 mars 1920 ou si elle enfreint les dispo-sitions soit de la loi du 27 décembre 1923, soit du présent décret, les avances con-senties par l'État deviennent immédiatement exigibles à l'égard de ladite banque.

Art. 25. — Peuvent seuls recevoir des avances individuelles les artisans dont l'entreprise n'excède pas en importance les limites fixées par la commission spéciale et dont la demande est présentée par une union de sociétés coopératives d'artisans agréée.

Art. 26. — Les dossiers des demandes seront constitués par l'union et transmis par elle aux banques populaires intéressées.

Chaque dossier indiquera avec justification à l'appui :

1° Les nom, prénoms et domicile du postulant, ainsi que le siège de son entre-prise;

2° La nationalité du postulant et sa qualité de sociétaire de la banque populaire et de l'union ou d'une société coopérative affiliée à l'union;

3° La nature du métier manuel exercé par le postulant, le nombre de compagnons et d'apprentis qu'il occupe, le chiffre de son loyer professionnel, le montant de ses diverses impositions avec tous détails permettant de les contrôler et tous renseigne-ments de nature à établir l'importance de ses travaux;

4° L'objet, le montant et la durée du prêt demandé, le mode, le montant et les époques des amortissements proposés. Le postulant doit également justifier que le prêt demandé lui est nécessaire pour l'exercice de son métier;

5° La société de caution mutuelle qui garantira l'avance, le montant de sa ga-rantie, l'importance totale de ses engagements ainsi que la nature et la valeur des autres sûretés réelles ou personnelles offertes;

6° L'avis de l'union.

Il contient, en outre, l'engagement par le postulant de tenir une comptabilité commerciale conforme aux prescriptions du Code de commerce et de se soumettre à toutes vérifications utiles.

Le postulant doit déclarer n'être pas déjà bénéficiaire de prêts, au titre de la loi du 27 décembre 1923 de la part d'une autre banque populaire, et prendre l'engagement de n'en pas demander à une autre banque.

Art. 27. — Les frais résultant du mode de garantie adopté par la banque populaire prêteuse peuvent être avancés par elle et être incorporés au montant du prêt.

Art. 28. — Les sûretés réelles ou personnelles, admises en garantie des prêts accordés par les banques populaires, doivent être en rapport avec l'importance et la durée du prêt.

Art. 29. — Les prêts font l'objet d'effets souscrits à l'ordre de la banque populaire, et avalisés par une société de caution mutuelle.

Le contrat stipule les autres garanties auxquelles aurait été subordonnée la réalisation des avances.

Art. 30. — Les versements ne peuvent être effectués que sur l'avis conforme de la société de caution mutuelle chargée d'en surveiller l'emploi.

Lorsque les prêts consentis sont affectés au règlement de dépenses échelonnées, le montant n'est versé qu'en proportion de l'avancement des travaux et sur production de mémoires, ou au fur et à mesure des échéances à régler.

Art. 31. — Les prêts sont remboursables, soit en une seule fois, soit en plusieurs fois, par acomptes effectués à des époques convenues, soit par des amortissements annuels.

Dans ce dernier cas, les intérêts du prêt sont compris dans le montant des annuités.

Dans les autres cas, ils doivent être payés à la banque populaire, au moins trimestriellement.

Il est tenu compte, pour la détermination du mode de remboursement à adopter dans chaque espèce, de l'importance et de la durée du prêt, de la situation de l'emprunteur et du degré de productivité de l'opération en vue de laquelle le prêt a été consenti.

Art. 32. — Au cas où les conditions mises à la concession du prêt ne sont pas observées par l'emprunteur, les sommes prêtées deviennent immédiatement et intégralement exigibles en principal et intérêts.

Art. 33. — Les opérations effectuées par les banques populaires, en exécution de la loi du 27 décembre 1923, sont assujetties à toutes les dispositions relatives au contrôle des autres opérations de ces établissements,

Toutefois, copie de la partie des rapports se référant au service des avances aux artisans est adressée au Ministre du Travail dans les deux mois de la vérification. Des vérifications spéciales de ce service peuvent être demandées au Ministre du Commerce par le Ministre du Travail

Art. 34. — Le Ministre du Travail et de l'Hygiène, le Ministre du Commerce et de l'Industrie et le Ministre des Finances sont chargés, chacun en ce qui le concerne, de l'exécution du présent décret, qui sera publié au *Journal officiel de la République française* et inséré au *Bulletin des lois*.

STATUTS-TYPES

POUR UNIONS DE SOCIÉTÉS COOPÉRATIVES D'ARTISANS.

TITRE PREMIER.

Objet. — Durée. — Siège social.

ARTICLE PREMIER. — Entre les porteurs des actions constituant le capital initial et des actions qui seront ultérieurement créées, il est établi une Union de sociétés coopératives d'artisans sous la forme d'une société anonyme à capital variable et sous la dénomination de
. . . . .
Cette société sera régie par les lois en vigueur et par les présents statuts.

ART. 2. — Elle a pour objet de grouper les sociétés d'artisans de (telle ou telle spécialité) et de toutes autres professions déterminées dans la suite par l'assemblée générale ordinaire pour faciliter l'accomplissement de leurs opérations.
Elle se propose, notamment :

a. L'achat et la fabrication en commun des objets que ces sociétés répartissent et du matériel dont elles se servent;

b. L'exécution de travaux et tous autres buts dans l'intérêt des sociétés d'artisans;

c. La réalisation d'emprunts collectifs dans l'intérêt desdites sociétés.

L'objet de la société peut être modifié par décision de l'assemblée générale ayant pouvoir pour réviser les statuts; toutefois, il ne saurait être porté atteinte à son caractère d'union de sociétés coopératives d'artisans.

ART. 3. — La durée de la société est fixée à . . . . . ans. Elle peut être dissoute avant l'échéance du terme ou prorogée au delà par décision de l'assemblée générale ayant pouvoir pour modifier les statuts.

ART. 4. — Le siège social est fixé à . . . . . Il peut être transféré en tout autre lieu de la même ville par simple décision du conseil d'administration.

TITRE II.

Du capital social.

ART. 5. — Le capital social initial est fixé à . . . . . francs, et divisé en . . . . . actions de . . . . . francs chacune.
Ces actions sont libérées en numéraire d'un dixième au moins lors de la souscription. La part non libérée de ces actions sera payable en une ou plusieurs fois, en vertu de délibérations de l'assemblée générale qui fixeront l'importance de la somme appelée ainsi que le lieu et l'époque auxquels les versements devront être effectués. Les appels de fonds sont portés à la connaissance des actionnaires par avis inséré un mois avant l'époque fixée pour chaque versement dans un journal d'annonces légales du département de   et par lettres adressées à chacun d'eux. Toutefois, les intérêts et ristournes revenant aux actionnaires à la clôture de chaque exercice seront imputés de plein droit par la société sur la part restant due des actions souscrites par eux. Cette part devient également exigible de plein droit sans délibération de l'assemblée générale, sans avis et sans délai, en cas de faillite et de liquidation judiciaire ou amiable de la société.
Les sommes restant dues porteront intérêt à   °/₀ à partir de la publication de l'avis de l'expiration de la société, de la délibération prononçant sa dissolution ou du jugement déclarant la faillite ou admettant la société au bénéfice de la liquidation judiciaire.
Les actionnaires, quels qu'ils soient, ont toujours la faculté de se libérer par anticipation.

Art. 6. — Le capital social est variable.

Il peut être augmenté soit par les versements successifs et les souscriptions nouvelles faits par les associés, soit par l'admission d'associés nouveaux.

Le capital social pourra être augmenté sans aucune limite, conformément-au dernier alinéa ajouté à l'article 1er de la loi du 7 mai 1917 par la loi du 14 juin 1920.

Peuvent adhérer à la société, outre les sociétés coopératives d'artisans, les membres de ces sociétés, ainsi que les syndicats et les sociétés de caution mutuelle se rattachant aux professions artisanales en vue desquelles fonctionnent lesdites sociétés coopératives.

Les syndicats professionnels et sociétés de caution mutuelle seront, en ce qui concerne leurs droits et obligations, assimilés aux sociétaires individuels.

Chacun des nouveaux actionnaires doit être agréé par le conseil d'administration.

Art. 7. — Tout associé pourra souscrire des actions nouvelles, à charge d'en libérer immédiatement le dixième. Le complément de l'action sera versé dans les conditions prévues à l'article 5 ci-dessus.

Art. 8. — En demandant leur admission, les sociétés coopératives d'artisans doivent souscrire autant d'actions qu'elles comptent de fois trente membres et s'engager à libérer ces actions dans les conditions prévues ci dessus. Chaque membre d'une société actionnaire qui demande son admission doit souscrire une action et s'engager à la libérer dans les conditions prévues à l'article 5.

Art. 9. — Le capital social peut être diminué par la reprise totale ou partielle des apports effectués.

Toutefois, le capital ne pourra être réduit par les reprises d'apports autorisées par le présent article, au-dessous des neuf dixièmes du niveau le plus haut atteint par le capital social.

Art. 10. — Chaque associé (société ou individu) pourra se retirer de la société lorsqu'il le jugera convenable. A cet effet, il devra signifier deux fois son intention au conseil d'administration, par lettre recommandée, à six mois d'intervalle. La démission ne produira effet qu'à la clôture de l'exercice au cours duquel aura été notifiée la deuxième signification

Art. 11. — L'assemblée générale aura le droit de décider, aux conditions fixées pour la modification des statuts que l'un ou plusieurs des associés cesseront de faire partie de la société.

Art. 12. — Les associés qui décéderont, ceux qui seront interdits, mis en liquidation judiciaire ou amiable ou en faillite ou se trouveront en état de déconfiture, cesseront de faire partie de la société.

L'union se réserve le droit de rembourser au fur et à mesure de ses ressources les actions possédées par des personnes n'exerçant pas les professions artisanales en vue desquelles fonctionne l'union ainsi que celles appartenant aux groupements ne se rattachant pas auxdites professions.

Art. 13. — Le départ de l'un des associés ou de plusieurs d'entre eux pour l'une des causes prévues aux articles 10, 11 et 12 ci-dessus n'entraînera pas la dissolution de la société, qui continuera de plein droit entre les survivants.

Art. 14. — Si le capital social est réduit à la limite établie par l'article 9, S 2 ci-dessus, les causes de départ prévues ci-dessus ne produiront leur effet que lorsque cette limite aura été de nouveau dépassée du fait de nouvelles souscriptions.

Art. 15. — L'associé qui cessera de faire partie de la société soit par l'effet de sa volonté, soit par suite de décision de l'assemblée générale, soit pour toute autre cause, restera tenu pendant cinq ans, jusqu'à concurrence du montant de sa souscription envers les associés et envers les tiers de toutes obligations existant au moment de sa retraite.

Le montant nominal de ses actions ne lui sera restitué en argent que cinq ans après son départ de la société sous déduction, s'il y a lieu, de sa part dans les pertes, résultant à cette époque des opérations sociales engagées avant sa retraite. Sa part dans les pertes sera déterminée au prorata des parts qu'il aura souscrites. Le conseil d'administration ne peut, sous aucun prétexte, abréger le délai de cinq ans. Le sociétaire aura droit, au moment du remboursement des actions, au payement des intérêts de la somme constituée par la valeur des apports restés entre les mains de la société, sous déduction de sa part des pertes; ces intérêts seront calculés d'après le taux de l'escompte de la Banque de France sans pouvoir dépasser en aucun cas 6 %.

L'associé qui quitte la société ne peut demander le payement d'aucune autre somme; il ne peut notamment prétendre à aucun droit sur les réserves. Ni lui, ni ses créanciers, ni ses ayants cause ne peuvent exiger aucun inventaire, ni faire apposer les scellés, ni gêner en aucune manière le fonctionnement de la société. Ses droits sont liquidés d'après les résultats de l'inventaire qui suit son départ, tels qu'ils résultent des comptes approuvés par l'assemblée générale.

Art. 16. — Toutefois les associés ne sont responsables, soit à l'égard de la société, soit l'égard des tiers, que jusqu'à concurrence du montant des parts qu'ils auront souscrites.

Art. 17. — Les actions sont toutes nominatives, même après leur entière libération.
Leur propriété sera établie par une inscription sur les registres de la société.
Il sera délivré à tout actionnaire qui en fera la demande un titre ou un certificat d'actions qui sera tiré d'un registre à souches, conformément à l'article 16 de la loi du 5 juin 1850.

Art. 18. — La cession des actions s'opérera par une déclaration inscrite sur les registres et signée de celui qui fait le transfert ou d'un fondé de pouvoirs.
Le transfert ne pourra avoir lieu valablement qu'en vertu d'une autorisation préalable du conseil d'administration.
Le transfert serait nul s'il avait pour effet de donner la qualité d'associé à une personne ou à une société qui n'aurait pas été régulièrement admise, conformément à l'article 6 ci-dessus.

TITRE III.
Des assemblées générales.

Art. 19. — Une fois par an, au cours du semestre qui suit l'inventaire annuel, le conseil d'administration convoque l'assemblée générale de tous les associés.
En cas d'urgence, le conseil, ou les commissaires peuvent également convoquer les associés en assemblée générale extraordinaire.
La réunion a lieu dans le local et dans la ville désignée par l'organisme convocateur.
Le mode de convocation est déterminé, en tout cas, par l'organisme convocateur, de manière à informer les sociétaires de la date et du lieu de l'assemblée générale ainsi que de son ordre du jour. Cet ordre du jour est déterminé par l'organisme convocateur. La convocation devra être faite vingt jours au moins avant la réunion de l'assemblée générale.

Art. 20. — Chaque associé peut participer à l'assemblée générale ou s'y faire représenter, mais seulement par un autre actionnaire. Les femmes mariées, les interdits et les mineurs peuvent être représentés par leurs maris ou tuteurs.
Chaque associé présent ou représenté ne dispose que d'une voix, quel que soit le nombre d'actions dont il est titulaire.
Un sociétaire ne peut comme mandataire disposer de plus de cinq voix.
Toutefois, les sociétés coopératives d'artisans associées auront autant de voix qu'elles compteront de fois trente membres à la date du dernier inventaire qui aura précédé la convocation de l'assemblée générale.
L'assemblée générale régulièrement convoquée et constituée représente l'universalité des actionnaires; ses décisions obligent même les absents, les incapables ou les dissidents.

Art. 21. — L'assemblée générale est présidée par un administrateur désigné par le conseil. Le président est assisté de deux scrutateurs désignés par l'assemblée générale. Le bureau désigne le secrétaire, qui peut être pris en dehors des actionnaires.

Art. 22. — Il est tenu une feuille de présence. Elle contient les noms et domiciles des sociétaires, le nombre de parts souscrites par chacun d'eux et les signatures des associés présents ou des mandataires des associés représentés.
Cette feuille certifiée par le bureau de l'assemblée générale est déposée au siège social et doit être communiquée à tout requérant.

Art. 23. — L'assemblée générale délibère valablement si les associés présents ou représentés sont titulaires du quart au moins du capital social.
Si ce quorum n'est pas atteint, l'organisme convocateur pourrait convoquer à nouveau

l'assemblée suivant le même mode. Cette seconde assemblée délibèrera valablement, quelle que soit la portion du capital représenté. La seconde convocation devra être faite dans le délai de deux mois qui suivra la date de la première assemblée. Elle portera le même ordre du jour.

Art. 24. — Les assemblées générales qui ont à délibérer sur la vérification des apports ou sur la sincérité de la délibération faite par les fondateurs ou par les administrateurs en cas d'augmentation doivent être composées d'un nombre d'associés représentant la moitié au moins du capital social.

Si l'assemblée générale ne réunit pas un nombre d'associés représentant au moins la moitié du capital social, elle ne peut prendre qu'une délibération provisoire. Dans ce cas, une nouvelle assemblée générale est convoquée. Deux avis publiés à huit jours d'intervalle, au moins un mois à l'avance, dans l'un des journaux désignés pour recevoir les annonces légales dans le département du siège social, font connaître aux sociétaires les résolutions provisoires adoptées par la première assemblée et ces résolutions deviennent définitives si elles sont approuvées par la nouvelle assemblée, composée d'un nombre d'associés représentant le cinquième au moins du capital social.

Art. 25. — L'assemblée générale peut modifier les statuts dans toutes leurs dispositions. Elle ne peut, toutefois, changer la nationalité de la société, ni augmenter les engagements des associés au delà de ce qui est prévu par les statuts, ni modifier une disposition imposée par la loi du 27 décembre 1923 ou par celles qui la modifieront.

Les assemblées qui ont à délibérer sur les modifications touchant à l'objet ou à la forme de la société, sous les réserves indiquées à l'alinéa précédent, ne sont régulièrement constituées et ne délibéreront valablement qu'autant qu'elles sont composées d'un nombre d'associés représentant les trois quarts du capital social. Les résolutions, pour être valables, doivent réunir les deux tiers au moins des voix des associés présents ou représentés.

Dans tous les autres cas que ceux prévus par le précédent paragraphe, si une première assemblée ne remplit pas les conditions ci-dessus fixées, une nouvelle assemblée peut être convoquée dans les formes statutaires et par deux insertions, à quinze jours d'intervalle, dans le Bulletin annexe du *Journal officiel* et dans un journal d'annonces légales du lieu où la société est établie. Cette convocation reproduit l'ordre du jour en indiquant la date et le résultat de la précédente assemblée. La seconde assemblée délibère valablement si elle se compose d'un nombre d'associés représentant la moitié au moins du capital social. Si elle n'atteint pas le quorum, il peut être convoqué, dans les formes ci-dessus, une troisième assemblée qui délibère valablement si elle se compose d'un nombre d'associés représentant le tiers du capital social. Dans toutes ces assemblées, les résolutions, pour être valables, devront réunir les deux tiers des voix des associés présents ou représentés.

Au cas où l'union aurait obtenu une avance de l'État, toute modification projetée aux statuts sera portée à la connaissance du Ministre du Travail par l'intermédiaire de l'union qui aura remis l'avance. Aucune modification ne sera acquise avant que le Ministre n'ait notifié son adhésion, qu'il donnera après avis de la commission spéciale d'attribution des prêts.

Art. 26. — L'assemblée ne peut délibérer que sur les questions portées à l'ordre du jour. Toutefois, elle peut toujours, en cas de faute grave, prononcer la révocation des administrateurs, même si cette question n'est point portée à l'ordre du jour.

Art. 27. — L'assemblée annuelle examine et vérifie les comptes et la gestion du conseil d'administration.

L'assemblée générale annuelle ou extraordinaire a les droits les plus étendus pour la gestion de la société.

Elle prend ses décisions à la majorité des sociétaires présents ou représentés, sauf en ce qui est dit à l'article 25.

Art. 28. — Le procès-verbal de l'assemblée est établi par les soins du secrétaire et transcrit sur un registre spécial tenu au siège de la société.

Lorsqu'il sera nécessaire d'en produire des copies en justice ou ailleurs, ces copies seront valables à l'égard de toutes personnes, si elles portent la signature d'un administrateur. Tous pouvoirs sont donnés au porteur de l'une des copies pour procéder au dépôt et à la publication de toutes les délibérations de l'assemblée générale.

TITRE IV.

Du conseil d'administration.

ART. 29. — La société est administrée par un conseil d'administration composé de ..... membres au moins et de ..... au plus, nommés pour trois ans par l'assemblée générale.

Toutefois, les membres du premier conseil d'administration sortiront de charge, un tiers à la première assemblée générale ordinaire qui suivra la constitution de la société, un tiers à la seconde assemblée générale ordinaire et l'autre tiers à la troisième assemblée générale ordinaire. Le conseil désignera au sort les administrateurs qui sortiront de charge à la première et à la deuxième assemblée générale.

En cas de vacance par décès, démission ou autre cause, le conseil pourvoit provisoirement au remplacement jusqu'à la prochaine assemblée générale, qui procède à l'élection définitive du remplaçant pour le temps restant à courir.

Dans le cas où, par suite de démissions, révocations ou décès, le conseil ne comprendrait plus la moitié de ses membres, les membres restant seront tenus de convoquer dans le délai d'un mois l'assemblée générale pour désigner les remplaçants.

Les administrateurs doivent, jusqu'à concurrence des deux tiers au moins, être pris parmi les sociétaires exerçant ou ayant exercé l'une des professions en vue desquelles fonctionne l'union.

ART. 30. — Nul ne peut être élu membre du conseil d'administration s'il n'est Français et s'il n'est titulaire de ..... actions au moins. Les actions lui appartenant sont affectées en totalité à la garantie de tous les actes de sa gestion, même de ceux qui seraient exclusivement personnels à l'un des administrateurs. Elles sont nominatives, inaliénables, frappées d'un timbre indiquant l'inaliénabilité et déposées dans la caisse sociale.

ART. 31. — L'assemblée générale a toujours le droit de révoquer un ou plusieurs des administrateurs en exercice, même si la question n'a pas été portée à l'ordre du jour, ainsi qu'il est dit à l'article 26.

Les administrateurs ne contractent à raison de leur gestion aucune obligation personnelle relativement aux engagements de la société. Ils ne répondent que de l'exécution de leur mandat.

ART. 32. — Le conseil d'administration délibère valablement si la majorité des membres en exercice sont présents.

Les délibérations sont prises à la majorité des membres présents. En cas de partage, la voix du président est prépondérante.

Les délibérations sont inscrites sur un registre spécial tenu au siège social. Elles sont prouvées à l'égard des tiers par des copies certifiées par l'un des administrateurs.

ART. 33. — Le conseil a les pouvoirs les plus étendus pour l'administration des affaires de la société.

Il règle l'organisation des bureaux, nomme et révoque les agents et employés, fixe leurs appointements, salaires et gratifications, détermine, s'il y a lieu, le chiffre des cautionnements et en autorise la restitution.

Le conseil arrête les règlements du service intérieur.

Il fixe les dépenses générales d'administration.

Il autorise, s'il y a lieu, toutes acquisitions ou aliénations de biens, meubles et immeubles, et confère toutes hypothèques, gages, nantissements ou autres garanties mobilières ou immobilières.

Il autorise, dans la limite des statuts, toutes les opérations de la société et en détermine les conditions.

Il règle l'emploi des fonds de réserve.

Il autorise tous traités, transactions, compromis, prêts et emprunts, tous retraits de fonds et transferts, tous abandons de droits réels ou personnels, tous désistements et toutes mainlevées d'inscriptions, de saisies, oppositions et autres empêchements quelconques, le tout avec ou sans payement. Il consent toutes antériorités.

Il autorise toutes acquisitions d'immeubles, d'objets mobiliers, de créances et autres droits incorporels, toutes cessions avec ou sans garanties des mêmes objets, droits et valeurs, ainsi que toutes les mesures reconnues nécessaires pour le recouvrement des créances de la société.

Il arrête les comptes qui doivent être soumis à l'assemblée générale; il fait un rapport à cette assemblée sur les comptes et sur la situation des affaires sociales.

Il autorise toutes actions judiciaires, soit en demandant, soit en défendant, transige et compromet.

Art. 34. — Le conseil peut donner toutes procurations, ou déléguer ses pouvoirs à un ou plusieurs mandataires, pris ou non parmi ses membres.

Les administrateurs, en dehors du remboursement des frais qu'ils auraient exposés pour l'accomplissement de leurs fonctions ne peuvent recevoir que des indemnités fixées par l'assemblée générale.

Tous actes de cession, ventes, achats, transferts, marchés ou traités engageant la société ne seront valables que s'ils sont revêtus de la signature de deux administrateurs ou d'un administrateur et d'un directeur fondé de pouvoirs. Dans les agences ou succursales, les deux signatures seront données par le directeur de l'agence, son remplaçant ou fondé de pouvoirs et par un mandataire agréé par le conseil d'administration; le tout à moins de procuration ou délégation spéciale donnée par le conseil, comme il est prévu au premier alinéa du présent article.

Art. 35. — Le conseil peut déléguer tout ou partie de ses pouvoirs pour l'expédition des affaires courantes à un ou plusieurs administrateurs.

TITRE V.

Du contrôle.

Art. 36. — L'assemblée générale annuelle désigne un ou plusieurs commissaires, associés ou non, chargés de faire un rapport à l'assemblée générale de l'année suivante sur la situation de la société, sur le bilan et sur les comptes présentés par les administrateurs.

La délibération contenant approbation du bilan et des comptes est nulle, si elle n'a pas été précédée du rapport des commissaires.

Si plusieurs commissaires ont été désignés, le rapport est valable même s'il n'est présenté que par l'un d'eux.

Art. 37. — Pendant le trimestre qui précède la réunion de l'assemblée générale, les commissaires ont droit, toutes les fois qu'ils le jugent convenable dans l'intérêt social, de prendre communication des livres et d'examiner les opérations de la société.

Ils peuvent toujours en cas d'urgence convoquer l'assemblée générale.

Il est alloué aux commissaires une rétribution dont l'importance est fixée par l'assemblée générale.

TITRE VI.

Des comptes, des trop-perçus et des pertes.

Art. 38. — La société tient les livres prescrits par le Code de commerce. Elle doit dresser chaque semestre, le 31 décembre et le 30 juin, un état sommaire de sa situation active et passive. Cet état est mis à la disposition des commissaires.

Sa comptabilité sera établie dans les formes commerciales et suivant les instructions qui pourraient être données par le Ministre du Travail sur l'avis de la commission spéciale prévue à l'article 6 de la loi du 27 décembre 1923.

Art. 39. — Elle établit chaque année, le 31 décembre, un inventaire contenant l'indication des valeurs mobilières et immobilières et de toutes les dettes actives et passives de la société.

L'inventaire, le bilan et le compte des profits et pertes sont mis à la disposition des commissaires le quarantième jour, au plus tard, avant l'assemblée générale. Ils sont présentés à cette assemblée.

Quinze jours au moins avant la réunion de l'assemblée générale, tout sociétaire peut prendre, au siège social, communication de l'inventaire et de la liste des sociétaires, et se faire délivrer copie du bilan résumant l'inventaire, du rapport des commissaires et de celui des censeurs.

Art. 40. — Si le bilan accuse un trop-perçu, il est fait, tout d'abord, un prélèvement d'un vingtième au moins, affecté à la formation d'un fonds de réserve. Ce prélèvement cesse d'être obligatoire lorsque le fonds de réserve a atteint le dixième du capital social.

Il est ensuite prélevé la somme nécessaire pour attribuer à tous les associés un intérêt de..... °/₀ [1] sur les versements opérés par eux.

Art. 41. — Il est ensuite attribué 5o p. 100 à une réserve statutaire.

Art. 42. — L'excédent est réparti entre les clients actionnaires au prorata de leurs opérations. Toutefois, l'assemblée générale a le droit de prélever sur cette somme telle part que bon lui semble pour l'affecter à titre supplémentaire au fonds de réserve statutaire.

Les bénéfices nets produits par les opérations d'avances faites d'ordre du Ministère du Travail en exécution de la loi du 27 décembre 1923 sont employés à la constitution d'un fonds de réserve spécial destiné à garantir, sans préjudice de la garantie fournie par la réserve légale ou tout autre actif social, le remboursement des avances consenties par l'État en vertu de ladite loi.

Le fonds de réserve spécial prévu à l'article précédent est employé en valeurs du Trésor, en valeurs garanties par l'État français, en bons de caisses de Crédit municipal ou du Mont-de-Piété, ou en versements à un livret de caisse d'épargne ordinaire. Les intérêts produits par ces modes d'emploi doivent être attribués audit fonds de réserve spécial.

Le montant de ce fonds sera acquis à l'union lorsque les avances auront été intégralement remboursées.

TITRE VII.

Contestations.

Art. 43. — Toutes les contestations qui peuvent s'élever pendant la durée de la société ou lors de la liquidation, soit entre les actionnaires et la société, les administrateurs ou les commissaires; soit entre les actionnaires eux-mêmes, relativement aux affaires sociales sont soumises à la juridiction des tribunaux compétents du siège social.

Art. 44. — Les actions touchant l'intérêt général et collectif de la société ne peuvent être exercées contre le conseil d'administration ou l'un de ses membres qu'au nom de la masse des actionnaires et en vertu d'une délibération de l'assemblée générale.

Tout actionnaire qui veut provoquer une action de cette nature doit en faire l'objet d'une communication au conseil d'administration qui est tenu de mettre la proposition à l'ordre du jour de la prochaine assemblée générale à condition que la communication ait été faite un mois d'avance.

Si la proposition est repoussée par l'assemblée aucun actionnaire ne peut la reproduire en justice dans un intérêt particulier. Si elle est accueillie, l'assemblée générale désigne un ou plusieurs commissaires pour suivre l'action.

Les significations auxquelles donne lieu la procédure sont adressées uniquement auxdits commissaires, aucune signification individuelle ne peut être faite aux actionnaires.

En cas de procès, l'avis de l'assemblée doit être soumis aux tribunaux en même temps que la demande elle-même.

Art. 45. — Tout actionnaire est tenu de faire élection de domicile dans la localité où se trouve le siège social, et toutes notifications et assignations sont valablement faites au domicile par lui élu, sans avoir égard au domicile réel.

A défaut d'élection de domicile, les notifications judiciaires et extra-judiciaires sont valablement faites au parquet du tribunal civil du siège social.

TITRE VIII.

Dissolution.

Art. 46. — L'assemblée générale pourra, aux conditions fixées pour la modification des statuts, prononcer la dissolution de la société.

---

[1] L'intérêt ne peut dépasser 6 °/₀ (art. 1ᵉʳ du décret du 27 juillet 1924).

Art. 47. — En cas de perte des trois quarts du capital social, le conseil convoquera l'assemblée générale de tous les actionnaires à l'effet de statuer sur la question de savoir s'il y a lieu de prononcer la dissolution de la société.

La résolution de l'assemblée est, dans tous les cas, rendue publique.

Art. 48. — L'assemblée générale qui prononcera la dissolution de la société, ou celle qui suivra l'expiration de sa durée, nommera un ou plusieurs liquidateurs qui auront charge et pouvoir de réaliser et de vendre l'actif mobilier et immobilier de la société, d'acquitter le passif et de payer les frais de liquidation.

Art. 49. — Si la liquidation accuse des pertes, elles seront réparties entre les associés au prorata des parts qu'ils auront souscrites.

Toutefois, les associés ne sont responsables, soit à l'égard de la société, soit à l'égard des tiers, que jusqu'à concurrence du montant des parts qu'ils auront souscrites.

Art. 50 — Si la liquidation accuse un passif net, il est d'abord employé à rembourser aux associés les sommes versées par eux en l'acquit de leurs souscriptions.

Le solde est affecté par l'assemblée générale à une autre institution coopérative, ou à défaut de cette affectation, ou si l'attribution prévue est impossible, au fonds de dotation prévu à l'article 2 de la loi du 27 décembre 1923.

Art. 51. — La société est soumise à toutes les opérations de contrôle et de vérifications qui pourront être décidées par le Ministre du Travail ou par l'union agréée jusqu'au remboursement intégral des sommes qui auront pu lui être avancées.

TITRE IX.

Constitution de la société.

Art. 52. — Les frais de constitution de la société, ceux du premier établissement, les frais d'émission du capital social initial, seront portés à un compte dénommé «Frais de premier établissement» qui devra être amorti dans un délai maximum de cinq ans.

Art. 53. — L'assemblée générale constitutive sera convoquée tant par avis publié dans un journal d'annonces légales au siège social, cinq jours au moins à l'avance, que par lettre recommandée envoyée dans le même délai à chaque souscripteur. L'avis et les lettres de convocation doivent contenir l'ordre du jour de l'assemblée.

Art. 54. — L'assemblée constitutive qui aura à délibérer sur la sincérité de la déclaration de souscription et de versement, à nommer les premiers administrateurs et les premiers commissaires, devra réunir les conditions fixées par l'article 24 ci-dessus.

Les délibérations sont prises par la majorité des actionnaires présents. Cette majorité doit comprendre le quart des actionnaires et représenter le quart du capital social.

TITRE X.

Dépôts légaux.

Art. 55. — Les pouvoirs sont donnés à chaque administrateur à l'effet de déposer avant toute opération les statuts avec la liste complète des administrateurs ou directeurs et des sociétaires, indiquant leur nom, profession, domicile et le montant de chaque souscription en cinq exemplaires au greffe de la justice de paix du siège social.

Art. 56. — Chaque année, dans la première quinzaine de février, un administrateur déposera de même en cinq exemplaires la liste des membres faisant partie de la société à cette date, et le tableau sommaire des recettes et dépenses, ainsi que les opérations effectuées dans l'année précédente.

Art. 57. — Chaque administrateur reçoit également mandat de procéder à toutes déclarations au registre de commerce.

STATUTS-TYPES

POUR SOCIÉTÉS COOPÉRATIVES D'ARTISANS.

TITRE PREMIER.

Formation. — Dénomination. — Objet. — Durée. — Siège.

ARTICLE PREMIER. — Il est formé, entre les propriétaires des actions ci-après créées et tous ceux qui seront ultérieurement admis, une société anonyme par actions, à capital variable, qui sera régie par les lois en vigueur et par les présents statuts.

ART. 2. — La société prend la dénomination de Société coopérative des artisans de....., société anonyme par actions, à personnel et à capital variables.

ART. 3. — La société a pour objet de faciliter aux artisans s'occupant du commerce et de l'industrie de ..... en France, l'exercice de leur commerce, de leur industrie et de leur métier, et, notamment :

1° L'achat et la fabrication en vue de la répartition entre les actionnaires, conformément aux demandes de chacun d'eux, de toutes marchandises, matières premières et machines ou objets quelconques se rattachant directement ou indirectement au commerce et à l'industrie de .... ;

2° L'apport d'un concours financier, sous quelque forme que ce soit, aux entreprises artisanales de ses membres dans le domaine ci-dessus visé;

3° Et généralement toutes opérations industrielles et commerciales quelconques intéressant directement ou indirectement l'exercice ou la profession artisanale de ses membres qui seront nécessaires pour la réalisation de son objet.

La société agira soit directement, soit indirectement en tant qu'intermédiaire, soit encore sous forme de souscription, participation ou autrement.

ART. 4. — Le siège social est à .....; il pourra être transféré en tout autre endroit de la même ville, par simple décision du conseil d'administration.

La société pourra avoir, en outre, des bureaux, agences, succursales ou représentations en France, dans les colonies françaises et à l'étranger, partout où le conseil d'administration le jugera convenable.

ART. 5. — La durée de la société sera de ..... années, qui commenceront à courir du jour de sa constitution définitive.

TITRE II.

Capital social. — Actions.

ART. 6. — Le capital social est variable. Le capital initial est fixé à la somme de ..... francs; il pourra être porté par des souscriptions nouvelles et émanant soit de nouveaux, soit d'anciens sociétaires, jusqu'à la somme de ..... francs.

Lorsque cette somme aura été atteinte, le capital pourra être augmenté par des délibérations de l'assemblée générale.

Le capital social pourra être réduit par la démission, l'exclusion, le décès, l'interdiction, la faillite ou la déconfiture des sociétaires. Toutefois, le départ des sociétaires cesse d'avoir lieu lorsque le capital se trouve réduit du cinquième du capital constaté lors du dernier inventaire ou du capital initial.

ART. 7. — Le capital social est divisé en ..... actions de cent francs chacune.

Art. 8. — Ces actions doivent être libérées en numéraire.

Un dixième de chaque action, soit 10 francs, lors de la souscription;

Le surplus aux dates et dans la proportion qui seront fixées par le conseil d'administration. Tout actionnaire aura la faculté de se libérer par anticipation.

A partir de cinquante francs au minimum, les versements sur les actions produiront, à compter du premier jour du mois suivant, un intérêt de six pour cent au maximum qui ne pourra être prélevé que sur les excédents sociaux.

Art. 9. — Lors du premier versement, il sera remis aux souscripteurs un certificat provisoire sur lequel seront inscrits les payements postérieurs et qui, après la libération définitive, sera échangé contre un titre nominatif d'action.

Les actions sont nominatives, même après leur entière libération.

Art. 10. — Les titres provisoires et définitifs peuvent être transférés par une inscription sur les registres de la société, signée du cédant et du cessionnaire.

Toutefois, le transfert est subordonné à l'agrément du conseil d'administration.

Art. 11. — L'actionnaire n'est responsable vis-à-vis de la société et des tiers que jusqu'à concurrence du montant des actions souscrites.

Les créanciers, héritiers ou ayants cause d'un actionnaire ne peuvent, pour quelque cause que ce soit, exercer de reprises contre le capital social, ni s'immiscer dans les affaires sociales, ni faire apposer les scellés sur les livres, valeurs ou marchandises de la société, ni demander le partage ou la licitation.

Pour l'exercice de leurs droits, les sociétaires doivent s'en rapporter aux inventaires sociaux et aux délibérations de l'assemblée générale.

Art. 12. — Les titres des actions sont extraits d'un registre à souche, déposé au siège de la société, numérotés, revêtus de la signature du président du conseil d'administration et d'un administrateur.

Toute action est indivisible, et la possession d'une action emporte de plein droit adhésion aux statuts de la société et aux décisions de l'assemblée générale.

TITRE III.

Du personnel. — Admissions. — Retraites. — Exclusions.

Art. 13. — Peuvent adhérer à la société, en dehors des membres susceptibles de bénéficier de ses avantages, toutes personnes, associations ou sociétés, et notamment les syndicats professionnels et les sociétés de caution mutuelle formées entre artisans.

Pour faire partie de la société, les artisans, quelle que soit leur profession, doivent justifier qu'ils sont membres d'un syndicat professionnel constitué conformément à la loi du 21 mars 1884.

Art. 14. — Chacun des nouveaux actionnaires doit être agréé par le conseil d'administration.

Art. 15. — Tout actionnaire a le droit de se retirer de la société, mais en donnant préavis de sa détermination par lettre recommandée au président du conseil d'administration au moins un mois avant la clôture de chaque exercice semestriel.

Art. 16. — L'assemblée générale a le droit de décider, à la majorité fixée pour la modification des statuts, qu'un actionnaire sera exclu de la société.

Art. 17. — Lors de la retraite ou de l'exclusion d'un actionnaire, la société doit lui rembourser les sommes versées sur les actions et le prorata d'intérêt couru au jour de la retraite ou de l'exclusion sur le capital de ses actions.

Le sociétaire ne peut, en aucun cas, prétendre à aucune part de l'actif social.

S'il y a des pertes, le remboursement n'a lieu que sous déduction de sa part dans ces pertes, telles qu'elles résultent de l'inventaire suivant son départ.

La somme à rembourser reste dans la caisse de la société pendant deux ans à compter de cet inventaire.

En conséquence, il sera tenu un compte spécial de liquidation, et un règlement des droits de l'associé aura lieu à l'expiration de ces deux ans.

Jusqu'au remboursement, l'associé qui est exclu ou se retire a droit à un intérêt de six pour cent par an sur la somme qui lui est due.

L'associé qui cesse de faire partie de la société reste tenu, pendant cinq ans, envers ses coassociés et envers les tiers, de toutes les dettes et de tous les engagements de la société contractés avant sa sortie, mais cette responsabilité ne peut excéder le montant de ses actions.

Art. 18. — La société se réserve le droit de rembourser, au fur et à mesure de ses ressources, les actions possédées par des personnes n'exerçant pas la profession artisanale en vue de laquelle fonctionne la société, ainsi que celles appartenant aux syndicats et sociétés de caution mutuelle ne se rattachant pas à ladite profession.

TITRE IV.

Administration de la société.

Art. 19. — La société est administrée par un conseil composé de ... membres au moins et de ... au plus, pris parmi les associés et nommés par l'assemblée générale des actionnaires.

Les administrateurs doivent, jusqu'à concurrence des deux tiers au moins, être pris parmi les sociétaires exerçant ou ayant exercé la profession en vue de laquelle fonctionne la société.

Art. 20. — Les administrateurs doivent être propriétaires, pendant toute la durée de leur mandat, de chacun ..... actions au moins.

Ces actions sont affectées à la garantie de tous les actes de la gestion, même de ceux qui seraient exclusivement personnels à l'un des administrateurs.

Elles sont nominatives, inaliénables, frappées d'un timbre indiquant leur inaliénabilité et déposées dans la caisse sociale.

Art. 21. — La durée des fonctions des administrateurs est de ..... années, sauf l'effet du renouvellement dont il va être parlé.

A l'expiration de la première période de ..... ans, le conseil se renouvellera en entier. Ensuite, à compter de la ..... année, il se renouvellera par voie de tirage au sort, dans des conditions déterminées par le conseil d'administration, suivant le nombre des administrateurs, à raison d'un ou deux membres par année, et conformément à l'usage, de façon qu'aucun d'eux ne reste en fonctions plus de ..... années sans être soumis au renouvellement.

Une fois le roulement établi, le renouvellement se fera par voie d'ancienneté.

Les membres sortants sont toujours rééligibles.

Art. 22. — En cas de vacance par décès, démission ou autre cause, le conseil pourvoit provisoirement au remplacement, jusqu'à la prochaine assemblée générale qui procède à l'élection définitive du remplaçant pour le temps restant à courir.

Dans le cas où, par suite de démissions, révocations ou décès, le conseil ne comprendrait plus la moitié de ses membres, les membres restant seront tenus de convoquer, dans le délai d'un mois, l'assemblée générale pour désigner les remplaçants.

Art. 23. — Chaque année, le conseil nomme, parmi ses membres, un président, un vice-président et un secrétaire.

Art. 24. — Le conseil d'administration se réunit au lieu désigné dans la lettre de convocation, aussi souvent que les besoins de la société l'exigent, et au moins une fois par mois.

La présence de ..... membres au moins est nécessaire pour la validité des délibérations.

Les délibérations sont prises à la majorité des membres présents. En cas de partage, la voix du président est prépondérante.

Les délibérations du conseil sont constatées par des procès-verbaux transcrits sur un registre spécial et signés du président et du secrétaire. Les copies ou extraits de ces procès-verbaux sont certifiés par le président ou par deux administrateurs.

Art. 25. — Le conseil a les pouvoirs les plus étendus pour la gestion des biens et affaires de la société.

Il pourvoit à l'établissement, à l'aménagement et à l'approvisionnement des magasins sociaux, à la préparation, suivant les procédés qui lui paraissent les plus convenables, des denrées et marchandises destinées à la vente; il règle le mode, les conditions et le prix de la vente.

Il touche et paye toutes sommes, souscrit, endosse et acquitte tous effets de commerce, consent ou accepte tous baux et locations, statue sur tous traités et marchés rentrant dans l'objet de la société, autorise toutes acquisitions, tous retraits, transferts et aliénations de rentes, valeurs et droits mobiliers.

Il peut traiter, transiger, compromettre, donner tous désistements et mainlevées avec ou sans payement.

Il achète et vend des immeubles et des fonds de commerce, reçoit toutes donations, procède à tous emprunts à charge d'en rendre compte à la prochaine assemblée générale. Il peut constituer une hypothèque ou donner en nantissement un fonds de commerce à charge d'en rendre compte à l'assemblée générale.

Il convoque l'assemblée générale et arrête les comptes à lui soumettre.

Il représente la société en justice, tant en demandant qu'en défendant.

Art. 26. — Le conseil peut déléguer les pouvoirs qu'il juge convenables à un ou plusieurs de ses membres, et leur conférer, ainsi qu'à telles personnes que bon lui semble, et par mandat spécial, des pouvoirs, soit permanents, soit pour un objet déterminé.

Il a, notamment, le droit de nommer un directeur (pris parmi les administrateurs ou en dehors du conseil), qui est chargé de l'administration courante et journalière et de la gestion des établissements de la société. Il détermine ses attributions et pouvoirs, les conditions de sa nomination, de sa retraite et de sa révocation, et fixe sa rémunération.

Art. 27. — Les administrateurs, en dehors du remboursement des frais qu'ils auraient exposés pour l'accomplissement de leurs fonctions, ne peuvent recevoir que des indemnités fixées par l'assemblée générale.

Ils ne contractent, à raison de leur gestion, aucune obligation personnelle relativement aux engagements de la société. Ils ne répondent que de l'exécution de leur mandat.

Les administrateurs ne peuvent prendre et conserver un intérêt direct ou indirect dans une entreprise ou dans un marché faits avec la société ou pour son compte, à moins qu'ils n'y soient autorisés par l'assemblée générale, conformément à l'article 40 de la loi du 24 juillet 1867. Les administrateurs peuvent s'engager conjointement avec la société envers les tiers, et ils peuvent, dans toutes opérations où ladite société prend des participants ou des cessionnaires, être du nombre.

TITRE V.

Commissaires.

Art. 28. — Il est nommé chaque année, par l'assemblée générale ordinaire, un ou plusieurs commissaires, associés ou non, chargés de remplir la mission de surveillance qui leur est dévolue par la loi.

Pendant le trimestre qui précède la réunion de l'assemblée générale, les commissaires ont le droit, toutes les fois qu'ils le jugent convenable dans l'intérêt social, de prendre communication des livres pour examiner les opérations de la société. En cas d'urgence, ils peuvent convoquer l'assemblée générale.

Ils peuvent, en outre, recevoir telles attributions qu'il convient à l'assemblée générale de leur conférer.

Art. 29. — A la fin de chaque exercice, le ou les commissaires font un rapport à l'assemblée générale ordinaire sur la situation de la société, sur le bilan et sur les comptes présentés par les administrateurs.

Ils doivent remettre ce rapport au conseil au moins vingt jours avant la réunion de l'assemblée générale.

Il est alloué aux commissaires une rétribution dont l'importance est fixée par l'assemblée générale.

TITRE VI.
Assemblées générales.

Art. 30. — L'assemblée générale, régulièrement convoquée et constituée, représente l'universalité des actionnaires.

Elle se compose de tous les actionnaires.

Nul ne peut y être représenté que par un actionnaire.

Toutefois, les femmes mariées et les interdits ou les mineurs peuvent être représentés par leurs maris ou tuteurs.

Art. 31. — L'assemblée générale ordinaire est réunie par le conseil d'administration chaque année, dans le courant du mois de mai.

L'assemblée générale se réunit, en outre, extraordinairement, toutes les fois que le conseil d'administration en reconnaît l'utilité, ou que les commissaires le requièrent d'urgence.

Art. 32. — Les assemblées générales sont convoquées, vingt jours au moins à l'avance, par simples lettres adressées aux actionnaires et par une insertion faite dans un journal du département de la Seine. Ce délai peut être réduit à huit jours pour les assemblées extraordinaires, ou convoquées extraordinairement ou sur deuxième convocation, le tout sauf l'effet des prescriptions légales relatives aux assemblées extraordinaires.

Art. 33. — L'assemblée générale ordinaire ou extraordinaire est présidée par le président du conseil d'administration et, en cas d'empêchement, par le membre désigné par le conseil à cet effet.

Les deux plus forts actionnaires présents et acceptants remplissent les fonctions de scrutateurs.

Le secrétaire est désigné par le bureau.

Il est dressé une feuille de présence contenant les noms et domiciles des actionnaires présents ou représentés, et le nombre des actions par eux possédées. Cette feuille, certifiée par le bureau, est communiquée à tout requérant.

Art. 34. — L'ordre du jour est arrêté par le conseil d'administration. Il n'y est porté que les propositions émanant du conseil ou des commissaires, et celles qui auraient été communiquées au conseil lui-même, quinze jours au moins avant la réunion, avec la signature de trente membres de l'assemblée.

Il ne peut être mis en délibération que les objets portés à l'ordre du jour.

Art. 35. — Dans les cas autres que ceux prévus aux articles 38 et 44 ci-après, l'assemblée générale est valablement constituée lorsque les actionnaires présents par eux-mêmes ou comme mandataires représentent le quart au moins du capital social.

Si, sur une première convocation, l'assemblée générale ne réunit pas les conditions nécessaires, une nouvelle convocation sera faite de la manière susindiquée, et les décisions qui seront prises dans la nouvelle réunion seront valables, quel que soit le nombre des actions représentées, pourvu que ces décisions ne portent que sur les objets mis à l'ordre du jour de la première réunion.

Art. 36. — Les délibérations de l'assemblée générale ordinaire annuelle ou convoquée extraordinairement sont prises à la majorité des voix des membres présents ou représentés, et celles de l'assemblée générale extraordinaire à la majorité des deux tiers des voix des membres présents ou représentés.

Chaque actionnaire présent ou représenté ne dispose que d'une voix aux assemblées générales, quel que soit le nombre d'actions qu'il ait souscrites.

Un sociétaire ne peut, comme mandataire, disposer de plus de cinq voix.

Art. 37. — L'assemblée générale ordinaire entend les rapports des administrateurs et des commissaires sur la situation de la société, sur le bilan et sur les comptes;

Elle discute et, s'il y a lieu, approuve les comptes,

Elle détermine la rémunération des commissaires;

Elle délibère et statue souverainement sur toutes les questions qui ne sont pas du ressort du conseil d'administration, et lui confère tous les pouvoirs supplémentaires qui seraient reconnus utiles.

Art. 38. — L'assemblée générale peut modifier les statuts dans toutes leurs dispositions. Elle ne peut, toutefois, changer la nationalité de la société, ni augmenter les engagements des sociétaires au delà de ce qui est prévu par les présents statuts, ni porter atteinte à son caractère de société coopérative d'artisans, tel qu'il résulte de la loi du 27 décembre 1923 et du décret du 27 juillet 1924.

Les assemblées qui ont à délibérer sur les modifications touchant à l'objet ou à la forme de la société, ne sont régulièrement constituées et ne délibéreront valablement qu'autant qu'elles sont composées d'un nombre de sociétaires représentant les trois quarts du capital social. Les résolutions, pour être valables, doivent réunir les deux tiers au moins des voix des sociétaires présents ou représentés.

Dans tous les autres cas que ceux prévus par le précédent paragraphe, si une première assemblée ne remplit pas les conditions ci-dessus fixées, une nouvelle assemblée peut être convoquée dans les formes statutaires et par deux insertions à quinze jours d'intervalle dans le Bulletin annexe du *Journal officiel* et dans un journal d'annonces légales du lieu où la socié é est établie. Cette convocation reproduit l'ordre du jour en indiquant la date et le résultat de la précédente assemblée. La seconde assemblée délibère valablement, si elle se compose d'un nombre de sociétaires représentant la moitié au moins du capital social. Si elle n'atteint pas ce quorum, il peut être convoqué, dans les formes ci-dessus, une troisième assemblée qui délibère valablement si elle se compose d'un nombre de sociétaires représentant le tiers du capital social. Dans toutes ces assemblées, les résolutions, pour être valables, devront réunir les deux tiers des voix des sociétaires présents ou représentés.

Au cas où la société aurait obtenu une avance de l'État, non intégralement remboursée, toute modification projetée aux statuts sera portée à la connaissance du Ministre du Travail par l'intermédiaire de l'union qui aura remis l'avance. Aucune modification ne sera considérée comme acquise avant que le Ministre n'ait notifié son adhésion qu'il donnera sur avis de la commission spéciale d'attribution des prêts.

Art. 39. — Les délibérations des assemblées générales ordinaires ou extraordinaires sont constatées par des procès-verbaux inscrits sur un registre spécial et signés par les membres du bureau, ou au moins par la majorité d'entre eux. Les copies ou extraits de ces procès-verbaux, à produire partout où besoin sera, seront signés par le président du conseil ou par deux autres administrateurs.

TITRE VII.

Exercice. — État semestriel. — Comptabilité.

Art. 40. — L'année sociale commence le 1ᵉʳ janvier et finit le 31 décembre; par exception, le premier exercice comprendra le temps écoulé entre la constitution de la présente société et le 31 décembre de l'année suivante.

Il sera dressé, chaque semestre, par les soins du conseil d'administration, un état sommaire de la situation active et passive de la société, et, au 31 décembre de chaque année, un inventaire général de l'actif et du passif.

La comptabilité de la société sera tenue dans les formes commerciales et, suivant les instructions qui pourraient être données par le Ministre du Travail, sur l'avis de la commission spéciale prévue à l'article 6 de la loi du 27 décembre 1923.

TITRE VIII.

Affectation du produit de l'exploitation sociale.

Art. 41. — Sur les produits nets actuels, déduction faite des charges sociales et des amortissements, il est prélevé :

1° 5 p. 100 pour constituer la réserve légale;

2° La somme nécessaire pour servir aux actions un intérêt qui ne pourra excéder 6 p. 100 des sommes dont elles sont libérées.

L'excédent sera affecté à un fonds de prévoyance qui, comme le fonds de réserve légale, est destiné à faire face aux dépenses extraordinaires et imprévues.

Toutefois, l'assemblée générale a le droit de prélever sur cet excédent telle portion que bon lui semblera avec maximum de 40 p. 100 pour la répartir entre les sociétaires, proportionnellement au montant des opérations faites par eux avec la société.

Art. 42. — Le payement des intérêts a lieu dans l'année qui suit la clôture de chaque exercice, et aux époques fixées par le conseil d'administration.

Art. 43. — Le fonds de réserve légale est composé de l'accumulation des sommes prélevées sur les produits annuels conformément à l'article 41.

Ce fonds est destiné à faire face aux dépenses extraordinaires et imprévues.

Le prélèvement affecté à sa formation cessera d'être obligatoire lorsqu'il aura atteint le dixième du capital social.

TITRE IX.

Dissolution. — Liquidation.

Art. 44. — En cas de perte des trois quarts du capital social, les administrateurs sont tenus de convoquer l'assemblée générale de tous les actionnaires, à l'effet de statuer sur la question de savoir s'il y a lieu de prononcer la dissolution de la société.

Cette assemblée délibère dans les conditions déterminées par l'article 38 pour les assemblées extraordinaires.

Sa résolution est, dans tous les cas, rendue publique.

Art. 45. — A l'expiration de la société ou en cas de dissolution anticipée, l'assemblée générale règle le mode de liquidation et nomme un ou plusieurs liquidateurs.

Pendant la liquidation, les pouvoirs de l'assemblée générale se continuent comme pendant l'existence de la société.

Toutes les valeurs de la société sont réalisées par les liquidateurs qui ont, à cet effet, les pouvoirs les plus étendus.

Les liquidateurs peuvent, avec l'autorisation de l'assemblée générale, faire l'apport ou la cession à une société similaire de l'ensemble des biens, droits et obligations, tant actifs que passifs, de la société dissoute.

L'actif net, y compris les réserves, après le remboursement du capital versé sur les actions, sera affecté à une autre institution coopérative désignée par l'assemblée générale, ou à défaut de cette désignation ou si l'attribution prévue est impossible, au fonds de dotation prévu à l'article 2 de la loi du 27 décembre 1923.

TITRE X.

Contestations.

Art. 46. — Toutes contestations entre les actionnaires et la société seront jugées par les tribunaux compétents du département de

En cas de contestation, tout actionnaire devra faire élection de domicile à

A défaut d'élection de domicile à..... tous actes de procédure seront valablement signifiés au parquet de M. le procureur de la République près le Tribunal civil de

TITRE XI.

Constitution, contrôle et vérification.

Art. 47. — La présente société ne sera définitivement constituée qu'après :

1° Que les ..... actions composant le capital social de fondation auront été souscrites et qu'il aura été versé, en espèces, par chaque souscripteur, une somme égale au dixième du montant des actions par lui souscrites, ce qui sera constaté par une déclaration notariée faite par le fondateur de la société;

2° Et qu'une assemblée générale convoquée trois jours au moins à l'avance par simples lettres individuelles, aura reconnu la sincérité de la déclaration notariée, nommé les premiers administrateurs, le ou les commissaires, et constaté leur acceptation.

Art. 48. — Pour faire, partout ou besoin sera, les publications, tous pouvoirs sont donnés au porteur d'un original, d'une expédition ou d'un extrait des actes et délibérations constitutifs.

Art. 49. — La société est soumise à toutes les opérations de contrôle et de vérification qui pourront être décidées par le Ministre du Travail ou par l'union agréée, jusqu'au remboursement intégral des sommes qui auront pu lui être avancées.

Art. 50. — Le conseil d'administration est chargé de déposer avant toute opération les statuts avec la liste complète des administrateurs ou directeurs et des sociétaires, indiquant leurs nom, profession, domicile et le montant de chaque souscription en cinq exemplaires au greffe de la justice de paix du siège social.

Art. 51. — Chaque année, dans la première quinzaine de février, le directeur ou un administrateur déposera de même en cinq exemplaires la liste des membres faisant partie de la société à cette date et le tableau sommaire des recettes et des dépenses, ainsi que les opérations effectuées dans l'année précédente.

DÉFINITION DU PETIT ARTISAN.

(Art. 5, § 2, de la loi du 27 décembre 1923.)

L'article 5 de la loi du 27 décembre 1923 prévoit que des avances individuelles peuvent être accordées à des artisans par l'intermédiaire de banques populaires.

La loi spécifie que ces prêts individuels doivent être affectés à la constitution, à l'aménagement, à l'installation, à la réfection totale ou partielle, à la dotation d'un outillage ou en matériel *d'une petite entreprise n'excédant pas en importance les limites fixées* par la commission spéciale de l'article 6.

Conformément à ces dispositions, la commission a été appelée à définir les petits artisans susceptibles de recevoir des prêts. Dans sa séance du 23 octobre 1924 elle a adopté la définition ci-après, qui doit servir de criterium pour l'application de l'article 5 :

« Sont considérés comme petits artisans au sens de l'article 5, les travailleurs de l'un ou de l'autre sexe exerçant un métier d'une façon indépendante, effectuant eux-mêmes les travaux manuels qui font l'objet de ce métier et n'occupant comme auxiliaires en dehors des membres de leurs familles que deux personnes au plus; ce nombre peut être porté à à trois, s'il y a parmi eux un apprenti ayant passé un contrat écrit d'apprentissage. Sont considérés comme membres de la famille : le conjoint, les ascendants, les enfants et petits-enfants et leurs conjoints, ou les pupilles, habitant avec eux. »

LISTE, PAR DÉPARTEMENTS, DES BANQUES POPULAIRES.

DÉPARTEMENTS.	DÉSIGNATION DES BANQUES.	SIÈGE SOCIAL.	SUCCURSALES ou AGENCES PERMANENTES.
PARIS ET RÉGION PARISIENNE.			
Seine	Banque populaire de Paris	Paris, 59, Chaussée-d'Antin	Agences : 10e, 12e, 13, et 20e arrondissements. Arcueil-Cachan, Charenton, Alfortville. Kremlin-Bicêtre; succursale : Genève.
Idem	Banque populaire industrielle et commerciale de la banlieue Est de Paris.	Vincennes, 5, avenue du Château.	Fontenay-sous-Bois, Montreuil-s-Bois, Nogent-s-Marne, Saint-Maur-des-Fossés, Champigny-sur-Marne
Idem	Banque populaire industrielle et commerciale de la banlieue Sud de Paris.	Montrouge, 73, r^{te} d'Orléans	Juvisy-sur-Orge.
Idem	Banque populaire industrielle et commerciale de la banlieue Ouest de Paris.	Nanterre, 2, boulevard de la Seine.	Courbevoie, Levallois-Perret, Saint-Germain.
Idem	Banque populaire industrielle et commerciale de la banlieue Nord de Paris.	Paris, 1, rue de l'Aqueduc	Saint-Denis.
DÉPARTEMENTS.			
Ain	Banque populaire de l'Ain	Nantua	Bourg.
Aisne	Banque populaire des Régions libérées.	Paris, 5, rue Étienne-Marcel.	St-Quentin, Hirson, La Capelle.
Allier	Banque populaire de l'Allier	Montluçon, 35, b^d de Courtais.	Moulins.
Alpes (Basses-)	Banque populaire des Alpes	Digne, 68, boulevard Gassendi.	Sisteron, Forcalquier.
Alpes (Hautes-)			
Alpes-Maritimes	Banque populaire des Alpes-Maritimes	Nice, 20, boulevard des Italiens.	Cannes, Menton.
Ardennes	Banque populaire des Ardennes	Charleville, 14, rue Forest.	Liart.
Ariège	Banque populaire de l'Ariège	Foix, allée de Villette.	
Aube	Banque populaire de Troyes	Troyes, 6, place Audiffred	Arcis-sur-Aube.
Aude	Banque populaire de l'Aude	Carcassonne, 10, rue de Verdun.	Limoux, Narbonne.
Aveyron	Banque populaire coopérative de Rouergue.	Rodez, 20, place du Bourg.	
Belfort	Banque populaire de Belfort	Belfort, 18, r. de la République.	
Bouches-du-Rhône	Banque populaire provençale	Marseille, 7, rue de la Darse.	
Idem. (arr^t d'Arles)	Banque commerciale et industrielle de l'arrondissement d'Arles.	Arles, place Jouvène.	
Calvados	Desservi par la Banque populaire de la Mayenne, à Laval.		
Cantal	Desservi par la Banque populaire de la XVIIe région économique, à Clermont-Ferrand.		
Charente-Inférieure.	Banque populaire de Rochefort	Rochefort-sur-Mer, 111, rue de la République.	
Cher	Banque populaire du Cher	Bourges, 5, place de la Barre.	Saint-Amond, Vierzon.
Corrèze	Banque corrézienne populaire	Tulle, 3, place Carnot.	

DÉPARTEMENTS.	DÉSIGNATION DES BANQUES.	SIÉGE SOCIAL.	SUCCURSALES ou AGENCES PERMANENTES.
Côte-d'Or	Banque populaire de la Côte-d'Or.....	Dijon, 18, rue de la Manutention.	
Côtes-du-Nord	Banque populaire de Saint-Brieuc.....	Saint-Brieuc, 4, avenue de la Croix-Blanche.	
Creuse............	Banque populaire de la Creuse........	Guéret.	
Dordogne.........	Banque populaire de la Dordogne.....	Périgueux, 10 *bis*, rue des Chaines.	
Doubs............	Banque populaire du Doubs..........	Besançou, 11, rue Morand	Montbéliard, Pontarlier, Maiche, St-Hippolyte, l'Isle-sur-le-Doubs.
Eure	Banque commerciale et industrielle de l'Eure.	Évreux, 57, rue Grande......	Vernon.
Eure-et-Loir	Banque populaire d'Eure-et-Loir......	Chartres, 15, place des Halles.	
Idem (arr^t de Châteaudun).	Banque populaire de l'arrondissement de Châteaudun.	Châteaudun, 3, rue Nationale.	
Finistère.........	Banque populaire du Finistère........	Morlaix, 2, place du Dossen.	
Gard	Banque populaire du Gard..........	Nimes, 2, quai de la Fontaine.	
Idem (arr^t d'Alais) ..	Banque populaire d'Alais et des Cévennes.	Alais, 15, b^d Louis-Blanc.	
Garonne (Haute-)..	Banque populaire coopérative de Toulouse.	Toulouse, 9, place Wilson.	
Gers.............	Banque populaire du Gers...........	Auch, 33, rue de Lorraine.	
Gironde..........	Banque populaire de la Gironde	Bordeaux, 2, cours du Chapeau Rouge.	
Hérault..........	Crédit commercial de l'Hérault	Montpellier, 26, boulevard du Jeu-de-Paume.	
Ille-et-Vilaine ...	Banque d'Ille-et-Vilaine d'escompte et de crédit.	Rennes, 1, place de la Trinité.	Saint-Malo.
Indre............	Banque populaire d'Issoudun........	Issoudun.	
Indre-et-Loire.....	Banque populaire de Touraine.......	Tours, 4, rue Jules-Favre.	
Isère ....'........	Banque grenobloise de crédit........	Grenoble, 17, boulevard Gambetta.	
Jura.............	Banque populaire du département du Jura.	Lons-le-Saunier, rue du Commerce.	Dôle, Saint-Claude, Champagnole, Salins.
Landes...........	Banque populaire coopérative des Landes.	Dax	Aire-sur-l'Adour.
Loir-et-Cher......	Banque populaire du Loir-et-Cher.....	Blois, 1, quai de l'Abbé-Grégoire.	
Loire............	Banque populaire d'escompte de la Loire.	Saint-Étienne, 3, rue de la Loire.	
Idem (arr^t de Roanne).	Banque populaire d'escompte et de crédit de Roanne.	Roanne, 52, rue des Minimes.	
Loire (Haute-)....	Caisse mutuelle de crédit commercial et industriel du Puy.	Le Puy, 37, place du Breuil.	
Loire-Inférieure ...	Banque nantaise de crédit..........	Nantes, 19, rue Racine.	
Loiret...........	Banque populaire du Loiret.........	Montargis, 9, rue du Pont-de-l'Ouche.	Gien.
Idem (arr^t d'Orléans).	Banque populaire d'Orléans.........	Orléans, 4, rue des Carmes....	Beaugency.
Lot	Banque populaire du Quercy........	Cahors, 101, boulevard Gambetta.	
Lot-et-Garonne	Banque populaire de l'arrondissement d'Agen.	Agen, place de l'Hôtel-de-Ville.	
Maine-et-Loire.....	Banque populaire de Maine-et-Loire....	Angers, 29, rue Bodinier.	
Manche	Banque commerciale cherbourgeoise....	Cherbourg, 1, rue de l'Alma.	
Marne...........	Banque populaire des Régions libérées	Paris, 5, rue Étienne-Marcel...	Reims, Épernay.
Marne (Haute-)....	Banque de la Haute-Marne	Saint-Dizier, 76, avenue de la République.	Wassy

DÉPARTEMENTS.	DÉSIGNATION DES BANQUES.	SIÈGE SOCIAL.	SUCCURSALES ou AGENCES PERMANENTES.
Mayenne..........	Banque populaire de la Mayenne......	Laval, 13, rue Creuse.	Mayenne, Craon, Château-Gonthier, Le Horps, Meslay-du-Maine, Renazé.
Meurthe-et-Moselle.	Banque populaire de l'Est..........	Nancy, 6, rue de la Salpétrière.	
Meuse	Banque populaire de la Meuse........	Bar-le-Duc, 57, boulevard de la Rochelle.	
Morbihan..........	Banque populaire morbihannaise......	Lorient, 5, rue de la Comédie.	
Moselle..........	Banque populaire de Metz..........	Metz, 8, rue Paul-Déroulède.	Bouzonville, Creutzwald-la-Croix, Dieuze, Hayange, Maizières-lès-Metz, Puttelange-lès-Sarralbe, Rombas, Sarrebourg, Thionville, Faulquemont, Revrilly, Phalsbourg, Sarreguemines, Sierck.
Nièvre............	Banque populaire de la Nièvre........	Nevers, 1, place de l'Hôtel-de-Ville.	
Nord.............	Banque populaire du Nord...........	Lille, 75, rue de l'Hôpital-Militaire.	Roubaix, Tourcoing.
Idem (arr^{ts} de Valenciennes et Avesnes).	Banque populaire des Régions libérées.	Paris, 5, rue Étienne-Marcel...	Avesnes, Berlaimont, Denain, Fourmies, Hautmont, Maubeuge, Sous-le-Bois, Valenciennes.
Oise.............	Idem...........................	....	Creil.
Orne.............	Banque populaire d'Alençon.........	Alençon, 10, place du Palais.	
Pas-de-Calais......	Banque populaire du Nord, à Lille.	75, rue de l'Hôpital-Militaire. .	Billy-Montigny, Hénin-Liétard, Lens.
Idem (arr^{ts} d'Arras et Béthune).	Banque populaire des Régions libérées.	Paris, 5, rue Étienne-Marcel..	Arras, Béthune, Avion, Bruay.
Puy-de-Dôme.......	Banque populaire de la XVIIe région économique.	Clermont-Ferrand, 2, boulevard Trudaine.	Thiers.
Pyrénées (Basses-)..	Banque populaire du pays basque.....	St-Jean-de-Luz, rue Gambetta.	
Idem...............	Banque populaire coopérative d'Oloron.	Oloron-Ste-Marie, rue Chanzy.	
Idem...............	Banque populaire de Bayonne........	Bayonne, 16, rue Vainsot.	
Pyrénées-Orientales.	Banque populaire des Pyrénées-Orientales.	Perpignan, boulevard Georges-Clémenceau.	
Rhin (Bas-)........	Banque populaire générale..........	Strasbourg, 34, rue des Vosges.	Ingwiller, Schirmeck.
Idem...............	Banque populaire de Bischwiller......	Bischwiller.	
Rhin (Haut-)......	Banque populaire de Mulhouse.......	Mulhouse, 39, rue du Sauvage.	Saint-Louis.
Idem...............	Banque populaire de Colmar........	Colmar.	
Idem...............	Banque populaire d'Altkirch	Altkirch, Grande-Rue........	Ferrette, Hirsingue, Durmenach, Illfurth, Oltingue, Durlindorf.
Idem...............	Banque populaire de Dannemarie......	Dannemarie.	
Idem...............	Banque populaire de Masevaux	Masevaux, 34, rue du Maréchal-Foch.	
Idem...............	Banque populaire de Thann..........	Thann...................	Saint-Amarin.
Idem...............	Banque populaire de Munster	Munster	Metzeral.
Idem...............	Banque populaire de Cernay.........	Cernay.	
Idem...............	Banque populaire de Guebwiller......	Guebwiller...............	Soultz, Rouffach.
Idem...............	Banque populaire de Neuf-Brisach......	Neuf-Brisach.	
Rhône.............	Banque populaire du Rhône..........	Lyon, 12, rue Gentil.	
Saône (Haute-)....	Banque populaire de Cray-Vesoul	Vesoul, 21, rue Carnot	Gray, Jussey, Fayl-Billot.
Idem (arr^t de Lure)..	Banque populaire de l'arrondissement de Lure.	Lure, square de la Gare......	Luxeuil-les-Bains.

DÉPARTEMENTS.	DÉSIGNATION DES BANQUES.	SIÈGE SOCIAL.	SUCCURSALES ou AGENCES PERMANENTES.
Saône-et-Loire.....	Banque populaire de Mâcon-Charolles, Tournus.	Mâcon, place de la République et 1, rue de Lyon.	
Sarthe..........	Banque populaire Sarthoise.........	Le Mans, Bourse du commerce.	
Savoie...... ...	Banque populaire Savoisienne.......	Chambéry, 21, rue de Boigne.	
Savoie (Haute-)....	Société savoisienne de crédit industriel et commercial.	La Roche-sur-Foron.........	Cluses, Saint-Julien, Sallanches, Seyssel, Taninges, Thonon, Annemasse, Annecy, Boege, Saint-Jeoire.
Seine............	*Voir Paris et région parisienne.*		
Seine-Inférieure....	Banque populaire de Rouen et de la Seine-Inférieure.	Rouen, 65, rue Ganterie.	
Seine-et-Marne.....	Banque populaire de Seine-et-Marne...	Provins, 29, rue du Val.	
Seine-et-Oise......	*Voir Paris et région parisienne.*		
Sèvres (Deux-).....	Banque populaire des Deux-Sèvres.....	Niort, 1, place de la Comédie.	
Somme	Banque populaire des Régions libérées, à Paris, 5, rue Étienne-Marcel.	....	Amiens, Airaines.
Tarn	Banque populaire d'Albi............	Albi, 5, avenue Lapérouse.	
Tarn-et-Garonne ...	Banque populaire de Tarn-et-Garonne..	Montauban, 53, rue de la République.	
Var	Banque populaire du Var............	Toulon, 5, place à l'Huile....	Brignoles.
Vaucluse..........	Banque populaire de Vaucluse.......	Avignon, 6, rue Viala.......	Carpentras.
Vendée...........	Banque populaire de la Vendée.......	Les Sables-d'Olonne.	
Vienne...........	Banque populaire de la Vienne	Châtellerault, 39, boulevard Blossac.	Poitiers, Loudun
Idem (arr^t de Civray).	Banque populaire de Civray.........	Civray, rue des Arts.	
Vienne (Haute-)...	Banque coopérative du Centre.......	Limoges, 26, boulevard Carnot.	Saint-Yrieix, Saint-Junien.
Vosges...........	Banque populaire des Vosges.......	Épinal, 20, rue de la Gare...	Saint-Dié.
Yonne......	Banque populaire de l'Yonne........	Auxerre, 5, rue Fourier.	

TABLE DES MATIÈRES.